Leopold Alois Hoffmann

Aktenmässige Darstellung der Deutschen Union

Ihrer Verbindung mit dem Illuminaten- Freimaurer-

Leopold Alois Hoffmann

Aktenmässige Darstellung der Deutschen Union
Ihrer Verbindung mit dem Illuminaten- Freimaurer-

ISBN/EAN: 9783742899309

Hergestellt in Europa, USA, Kanada, Australien, Japan

Cover: Foto ©ninafisch / pixelio.de

Manufactured and distributed by brebook publishing software
(www.brebook.com)

Leopold Alois Hoffmann

Aktenmässige Darstellung der Deutschen Union

Aktenmäßige Darstellung

d e r

Deutschen Union,

und ihrer Verbindung

mit dem

Illuminaten-Freimaurer-

u n d

Rosenkreutzer-Orden.

———————

Ein nöthiger Anhang

zu den höchst wichtigen Erinnerungen
zur rechten Zeit.

———————

Von

Leopold Alois Hoffmann,

Dokt. der Philosophie u. der freien Künste, quies-
zirten k. k. Professor der Wiener Universität.

═══════════════════

Wien,

im Verlag bei Christoph Peter Rehm,
1796.

Es ist mir auf Veranlassnng des ersten Theils meiner höchst wichtigen Erinnerungen von vielen Orten her das Verlangen bekannt gemacht worden, ich möge für so manche Leser, denen die nähern Notitzen der deutschen Union mangeln, und da sie doch verschiedentlich davon reden hören, dasjenige öffentlich mittheilen, was ich davon weiß, oder was ich mittheilen zu wollen, für schiklich finde. Was soll mich hindern, dies Verlangen zu befriedigen? Die lehrreichsten Originalpapiere sind in meinen Händen; und ich begreife recht wohl, daß sie in dieser Zeit, wo doch die Aufklärung des Jakobinismus endlich auf ihren wahren Werth zurük geführt zu werden anfängt, als die wichtigsten historischen Aktenstüke der Welt bekannt gemacht werden müssen; denn hieraus wird die Welt klar und hell sehen können, wie es zugegangen ist, daß seit 8 — 10 Jahren die falsche Aufklärung und der Despotismus dieser Aufklärung sich einer tiranischen Oberherrschaft in der deutschen Litteratur und in der deutschen Volksmeinung bemächtigen konnte — und wie es zugegangen ist, daß Fürsten, Obrigkeiten, Staatsmänner, Bischöfe, und dann alle gutmüthige und wohldenkende Männer in Deutschland, über den geheimen Gang der Dinge, und über alle die, so zu sagen, unterirdisch und im Eingeweide der Erde bewirkten sittlichen und politischen Revolutionen in der tiefsten Bewußtlosigkeit, und eben deßwegen in einer eben so erbarmenswürdigen, als unbegreiflichen Indolenz hingehalten werden konnten.

Ich wünsche, jeder Leser möge sie mit Aufmerksamkeit durchdenken; und um hiezu an Ort und Stelle die dienlichsten Fingerzeige zu geben, werde ich verschiedene Anmerkungen beifügen, und manche mir zur Wissenschaft gekommene Thatsache in einer zwekmäßigen Kombination der Umstände erzählen.

Die Aechtheit der mitzutheilenden Do-

kumente kann ich um so sichrer verbürgen, da
die meisten derselben mir, als einem vermuth=
lichen Proseliten, unmittelbar aus der ersten
Quelle zugesendet wurden, die übrigen aber
durch vertraute Hände in die meinigen gekom=
men sind. Die Darstellung der Sache wird
dann auch desto glaubhafter werden, wenn
ich zugleich erzähle, was bei der mit mir be=
absichtigten Proseliten = und Kandidatenschaft
vorgegangen ist.

Die erste Einladung an die Proseliten war
folgende:

I.

Erstes gedruktes Cirkular.

An die Freunde

der

Vernunft, der Wahrheit, und der Tugend 1).

„Wie? Sollten denn nur die Begünsti-
„ger der Schwärmerei und des Aberglau-
„bens für die Erhaltung und Ausbreitung

---

1) Dies war immer und ist noch der erste
Hauptfallstrik, womit man die Aufklärerlinge in die Schule der Finsterniß zu fangen sucht. Man giebt ihnen schöne Namen, denn man weiß, daß diese Aufklärerlinge dumm genug sind, Alles blind zu
glauben, was die schlauen Meister ihnen
vorfaseln.

„ ihres Irthums Wärme und Betriebsam=
„ keit haben? Sollten Wahrheit und Auf=
„ klärung des Geistes nie fähig seyn, mensch=
„ liche Herzen zu erwärmen? Sollten die
„ Weisen allein kalte Menschen sein, die
„ sich begnügen, ein Kleinod zu besitzen,
„ ohne von dem Wunsche zu glühen, die
„ Menschheit durch Mittheilung desselben zu
„ beglüken, 2) und es dadurch sich selbst ge=
„ nießbar zu machen? Was wäre dies für
„ eine traurige Erscheinung?

„ Nein, Männer der Nation! 3) Diese
„ Schande treffe nie euch und die Wahrheit!

„ In der politischen Welt ist ja überall
„ Wirkung und Gegenwirkung, und — in
„ allen Kabinetten ist Gleichgewicht der erste

2) Die Menschheit hatte ja diese Beglükkung
   nicht verlangt; und sie konnte sie um so
   weniger verlangen, da die Klügern aus
   ihr recht wohl begriffen, daß diese vorge=
   spiegelte Beglükkung blos ihren Ohren und
   Beuteln gelten sollte.

3) Eine neue Schmeichelei! Die Männer der
   Nation sind also die Aufklärer.

„ Gegenstand der Geschäfte und das Ziel aller
„ Operationen! so — müsse es auch in der
„ moralischen Welt sein!

„ Wenn der grosse Haufe unserer Anti-
„ poden mit vereinigten Kräften gemeinschaft-
„ lich für die Unterjochung der Vernunft und
„ Verhinderung der Aufklärung wirkt, so
„ wäre es scheusliche Trägheit und Kälte,
„ wenn unter uns nicht endlich auch eine
„ Verbindung statt finden sollte, welche fä-
„ hig wäre, eine Gegenwirkung hervorzubrin-
„ gen und — wo nicht Sieg, doch wenig-
„ stens Gleichgewicht zu erringen — damit
„ die Menschheit nicht von neuem zur Bar-
„ barei herab sinke, und durch Uebermacht
„ des Glaubenszwanges 4), die Ver-
„ nunft mit der Tugend unterjocht werde.

„ Vernehmet demnach, Freunde des Gu-
„ ten! wie eine solche Verbindung möglich

---

4) Dieser Glaubenszwang hieß schon damals
   Glauben an Christum und Offenbarung,
   und an die von Gott ertheilte Authorität
   der Regenten.

„ werden kann, sobald ihr wollt, d. h. so-
„ bald ihr das Gute allein wollet und —
„ dem Eigenwillen, der Neugier, und der
„ Selbstsucht mit Entschlossenheit entsagt,
„ und euch an der Freude, zur Beförderung
„ des Wohls der Menschheit im Stillen mit-
„ zuwirken 5), begnüget.

„ Eine Gesellschaft von 22, theils
„ Staatsmännern, 6) theils öffentlichen
„ Lehrern 7), theils Privatpersonen, hat
„ sich bereits über einen seit anderthalb Jah-
„ ren in Vorschlag gebrachten Plan verei-
„ nigt, welcher ihrem Bedenken nach ein un-
„ trügliches und durch keine menschliche
„ Macht zu hinderndes Mittel 8) enthält,
„ die Aufklärung und Bildung der Mensch-
„ heit zu befördern, und alle bisherigen
„ Hindernisse derselben **nach und nach**
„ **zu zerstören** — über einen Plan, der

5) Die Menschen aufzuklären, und zu jako-
    binisiren.
6) Das war keine Lüge.
7) Und dieses noch weniger.
8) Was sagen die Regenten hiezu?

„ außer diesem wichtigen Guten noch ein be=
„ sonders wohlthätiges Institut zu Stande
„ bringt, wodurch jedem verdienstvollen Man=
„ ne die angenehmste und ruhigste Lage
„ 9) verschaft werden kann.

„ Wer nun für das Beste der Mensch=
„ heit sich erwärmt fühlt und diesen Plan
„ zu kennen und, wenn er ihn gut findet,
„ an dessen Ausführung nahen oder fernen
„ Antheil zu nehmen wünscht, *hat nichts
„ weiter nöthig , als in einem Schreiben
„ (welches er an denjenigen abgiebt, durch
„ den ihm diese gedrukte Nachricht zu Han=
„ den kommt,) der obgedachten Gesellschaft
„ seine Gesinnungen und Wünsche zu erklä=
„ ren, und dabei seinen Stand und Wohn=
„ sitz deutlich anzuzeigen.

„ Niemand darf dabey besorgen, daß er
„ zu irgend einer Verbindung , oder Geschäft,
„ oder Geldbeitrag werde genöthiget werden.
„ Die Gesellschaft ist zufrieden, wenn sie jezt

9) Wer wird bei solchen besondern und per=
söhnlichen Vortheilen nicht aufklären wollen?

„ die Menschen — aus allen Ständen —
„ welche die Aufklärung lieben, kennen lernt,
„ und überläßt es der freien Wahl eines je-
„ den, ob er nach geschehener Prüfung des
„ Plans, ein blosser Freund derselben, oder
„ ihr Mitglied und Theilnehmer an ihren Ge-
„ schäften werden will 10).

„ Nur das einzige verlangt billigermassen
„ die Gesellschaft von dem, der mit ihr in
„ Korrespondenz treten will, daß er die Ko-
„ sten trage, die er selbst ihr dadurch verur-
„ sacht. Und da sie für dies grosse Unter-
„ nehmen ein eignes aus 4 Personen beste-
„ hendes Sekretariat in ihrem Centro un-
„ terhalten muß, so wird jeder, der sich
„ schriftlich an sie wendet, und sie zu Mit-
„ theilung ihres Plans auffordert, theils für

10) Hier wär nun die Grundlage der sogenannten Conjuration des philosophes
armés pour (contre) la verité. Auf
diese Weise erhielten die verborgnen Obern
wenigstens persönliche und namentliche Notiz von ihren Anhängern, und konnten
also auch um so leichter ihre Gegner erkennen.

„ Schreibung und Expedirung der Briefe,
„ die er nach und nach von ihr erhält, theils
„ für die Kopialien dessen, was sie ihm
„ zuschikt, wenigstens einen Thaler beilegen
„ müssen, wenn die Gesellschaft für das er-
„ ste Jahr ihrer Wirksamkeit in Absicht auf
„ Kosten schadlos gehalten werden soll. "

„ Daß übrigens die Gesellschaft sich
„ vor der Hand äusserlich verbirgt und die
„ Namen ihrer Mitglieder nicht dem Publi-
„ kum Preiß giebt, ist wohl jedem Welt-
„ klugen begreiflich, der es weiß, wie oft
„ schon die litterarische Klatscherei und der
„ schriftstellerische Muthwille gesezten Männern
„ die Lust vergällt hat, öffentlich erschienen
„ zu sein."

„ Und eben so leicht ist es einzusehen,
„ daß sie den Ort, und die wenigen Per-
„ sonen, welche das Centrum dieser Ver-
„ brüderung ausmachen, selbst ihren Mit-
„ gliedern, vor anfangs und so lange ver-
„ birgt, bis sie eines jeden persönliche La-
„ ge, Karakter und Gesinnungen gehörig
„ erkannt und mit dem grossen Zwekke, den

„ sie sich vorgesezt, übereinstimmend gefunden
„ hat 11). Denn wer mit kalten Blute über=
„ legt, wie wichtig es ist, daß auf der
„ einen Seite die zu errichtende Verbrüderung
„ Einheit bekomme, und daß sie auf der
„ andern Seite auch für die entferntefte
„ Möglichkeit einer auf ihre Zerstörung
„ abzwekkende Kabale gesichert werde 12)
„ wird diese Verborgenheit im allerhöchsten
„ Grade unvermeidlich finden, und durch
„ diese Betrachtung über seine Neugier siegen
„ können.

„ Wer indessen von der Gesellschaft den
„ zu ihrer Wirksamkeit entworfenen Plan er=
„ hält, und, nach vollendeten Untersuchung
„ und Prüfung desselben, sich entschließt,
„ Mitglied und Theilnehmer zu werden,

11) Wenn sie ihn nun aber nicht, oder nicht
hinlänglich, übereinstimmend fand, so war
er der Rache der Conjuration ohne Ret=
tung preis gegeben.

12) Folglich existirt sie noch, und hat bisher
unausgesezt fortexistirt, wie ihre Mutter=
schule, der Illuminatismus.

„ der erlangt sogleich persönliche Bekannt=
„ schaft mit einigen ihrer vornehmsten Glie=
„ der, bekommt Abschrift ihrer Tagebücher
„ und Protokolle, und wirkt und sieht wir=
„ ken, wie alle wirklichen Glieder derselben.“

„ Gott belebe alle Freunde des Guten,
„ daß keiner diese Gelegenheit zu einer so
„ fruchtbaren Beförderung desselben, (wobei
„ er so langsam und mit so freier Wahl jeden
„ Schritt, den er thun will, abmessen kann,)
„ mit Kaltsinn vorüber gehen lassen möge 13).

Dieses Circular wurde mir im Mai 1788
zugesendet. Nach einer hinlänglichen Ueberle=
gung schrieb ich unterm 28ten Junius folgen=
de Antwort, die mir der darinn liegenden
Satire und indirekten Persiflage wegen, einer
öffentlichen Bekanntmachung nicht unwürdig
scheint.

13) Diese Drohung, so leise sie klingt, war
für den klugen Beobachter eine förmliche
Kriegserklärung gegen alle Andersdenken=
den, wie der Erfolg bewiesen hat, und
bis heut beweißt.

Peſt, am 28ten Junius, 1788.

Eine freundſchaftliche Hand iſt ſo gütig
geweſen, mir ein gedrucktes Blatt an die
Freunde der Vernunft, der Wahrheit
und der Tugend zuzuſenden. Dieſes Blatt
kann ich nicht anders, als Lineamente zu einem groſſen Entwurf nennen. Da es dann
allen, welche Notiz von dieſem Blatte erhalten, freigeſtellt wird, ſich darüber zu erklären, ſo ſchreibe ich meine Meinung ſo offen
und unbefangen nieder, als es einem ehrlichen Manne unter ſolchen Umſtänden immer
nur erlaubt ſein kann.

Unwiderſprechlich wahr iſt es, daß Kräfte ewig gegen Kräfte kämpfen in der phiſi-
ſchen und geiſtigen Natur. Wer das menſch-
liche Herz und die Geſchichte kennt, weiß es,
daß Streben nach Uibermacht oder, was
eben ſo viel iſt, Gefühl ſeiner Stärke von
Anbeginn die groſſe Springfeder alles menſch-
lichen Thuns und Wirkens geweſen iſt. Der
Schwache iſt immer der Aermſte auf Erden;
und ſchwach iſt man immer, wenn man einzeln auf ſeinem kleinen Schauplatz ſteht, und

kaum die Menge ahnet, welche weiter hin
auf ihrem eigenen Schauplaß Entwürfe macht,
diesen Einzelnen unter ihr Joch zu legen.
Bewußtsein eigener Tugend ist wohl immer
ein schöner Trost selbst für den einzelnsten
Mann. Aber mit allem diesem schönen Troste
entgeht die edelste Tugend der Uebermacht
der Arglist nie.

Taubeneinfalt giebt eine zu demüthige
Phisignomie, zumal in diesem Zeitalter der
betriebsamsten Schlauheit. Man muß mit
einigem Muth sich versehen. Man muß glau=
ben, daß grosse Gefühle im Menschen nicht
darum liegen, damit er zum Opfer der Star=
ken sie erstikke. Stärke muß wirken gegen
Stärke, und Kraft gegen Kraft. Schlangen=
klugheit muß die Schritte des Mannes leiten,
der in einer Welt lebt, wo Offenheit des Her=
zens allmälig nichts weiter ist, als ein gut=
müthiger Verräther und ein betrogener Spion.

Wer die Zeitgeschichte von Deutschland
beobachtet, sieht wohl, daß die Züge die=
ses Gemähldes dort sehr häufig im Or=
ginal vorhanden sind. Man ist so weit,

daß man keinen sichern Tritt mehr gehen kann, ohne an die Vorposten irgend einer Faktion zu stoßen. *)

Entgegen wirken soll daher wohl jeder ehrliche Mann solchen Faktionen. Eigne Sicherheit und Liebe zu seinen eben so ehrlichen Mitbürgern muß ihn dazu bestimmen. Und in diesem Gesichtspunkt ist die Aufforderung zu einer Verbindung menschenliebender Wahrheitsfreunde allerdings sehr ehrwürdig, und den Zeitbedürfnissen sehr angemessen.

Nur finde ich die Frage unvermeidlich: Welcher Mittel man sich bedienen wird, solchen Faktionen auf die sicherste Art entgegen zu arbeiten? —

Fragen muß ich, ob Wahrheit und Aufklärung durchaus für zweckmässige Mittel gehalten werden können?

Ich glaube nicht, daß diese Fragen voreilig oder unbescheiden aussehen, wenn ich auch gestehen muß, daß sie ein wenig nach Skeptizismus riechen. Es ist eine sehr erhabne

*) Das war doch deutlich!

B

Idee , der Menschheit wohlthun zu wollen. Aber für den Menschenkenner ist es auch keine Neuigkeit, daß unter allen möglichen Schwierigkeiten diese Idee gewiß die größten bei sich führt.

Verzeihlich ist daher wohl der Wunsch, den Plan , welcher diese Idee zu realisiren die Absicht hat, näher einsehen zu können. Aus einem zweifachen Grunde entsteht dieser Wunsch bei mir: Einmal , um persönlichen Unterricht daraus zu gewinnen; dann, um ermuntert zu werden, meine Kräfte zur Ausführung jenes Plans mitzuvereinigen.

Ich schmeichle mir , nähere Winke zu erhalten, und dann wird Pflicht und Klugheit mich lehren, wie ich mich näher zu erklären habe.

––––––––

Auf diesen Brief (denn einen zweiten erinnere ich mich durchaus nicht geschrieben zu haben) erhielt ich schnell hintereinander folgende handschriftliche Missive, aus welchen meine Leser den süssen Ton ersehen können,

womit man seine Leute zu beschmeicheln wuß=
te. Datum kann ich keines beisetzen, denn die
versteften Obern hüteten sich sehr, irgendwo
Ort, Jahr und Tag zu nennen.

„ Empfangen Sie , würdiger Mann ,
„ unsern Dank für Ihre Theilnahme an un=
„ sern Wünschen und Gesinnungen.*) Wir
„ sind bereits ihrer eine grosse Zahl zur Ver=
„ schwiegenheit beeidigter Freunde der Wahr=
„ heit. Können Sie sich entschließen, zu
„ thun, was wir Alle thaten, und dies un=
„ verfängliche Formular ab, oder auch nur
„ zu unterschreiben, so senden wir Ihnen
„ unsern Plan, und unsre Namen.“

„ Wir bitten, Ihren Eid und Beitrag
„ an Herrn Wucherer zu senden, von dem
„ sie sofort Plan und Liste erhalten werden.
„ Möchten Sie dann ganz mit uns, so wie
„ wir mit Ihrem lieben Briefe simpathi=
„ siren. Die XXII.“

B 2

*) Die Herren hatten also meinen Brief
   nicht recht verstanden.

„ Empfangen Sie, würdigster *) Mann,
„ unfern wärmsten Dank für Ihre Theil-
„ nahme an unfern Wünschen und Gesin-
„ nungen! Im unbegränzten Vertrauen auf
„ die unbestechliche Güte Ihres Herzens sen-
„ den wir Ihnen ohne Eid **), unfern
„ Plan und unfre Namen **), und bitten,
„ wenn Sie uns nun Ihres Beitritts werth
„ halten, Ihre eidliche Zusicherung nebst
„ dem ganzen Kostenbeitrag durch den Hrn.
„ Groß = und Buchhändler Wucherer in
„ Wien an uns gelangen zu lassen, von wel-
„ chem Sie auch in der Folge Alles erhalten
„ werden, was die Union an Ihre Mitver-
„ bündete gelangen läßt. Gott gebe, daß
„ die Union durch Ihre Bemühungen sich
„ bald auch in Ihren Gegenden verbreiten
„ möge. Ihre treu ergebnen XXII.

---

*) Hier kommen schon Superlative!!!

**) Ich hatte an Wucherer erklärt, daß ich
keinen unterschreiben werde.

***) Sie folgen unten.

„ Unendlich, würdiger Mann, freuen
„ wir uns, an Ihnen ein so theilnehmendes
„ Mitglied *) erhalten zu haben. Zahlreich
„ muß erst die Union werden, ehe sie in die
„ Epoche ihrer Wirksamkeit treten kann.
„ Haben wir nur erst an allen Orten be=
„ eidigte Theilnehmer, so haben wir ein Mit=
„ tel, mit höchster Wahrscheinlichkeit die
„ Schaafe von den Böcken zu scheiden, und
„ Direktion und Maschinerie abzusondern.
„ Also lassen Sie uns, jedoch noch ohne

*) Wucherer hatte mich als solches an die
XXIIer angekündigt. Aber ich war es
nicht weiter, bis auf meinen Brief. Es
gieng mir hier gerade so, wie bei den
Illuminaten. Man machte mich im hohen
Centrum der geheimen Obern zu etwas,
was ich nicht war, und sezte meinen Na=
men in die Listen. Dergleichen Schurke=
reien sind bei solchen Leuten etwas Ge=
wöhnliches. Ich erfuhr ähnliche Diuge bei
noch andern Centris andrer Menschen=
freunde, denn ich weiß nicht, wie es zu=
gieng, daß die Herren mich, den Obsku=
ranten, überall dabei haben wollten. Der
Fall war: Sie geriethen an den Unrech=
ten, der sie blos beobachtete, und nie
ihr Sklave werden mochte.

„ Publizität, zur Mehrung der Mitglieder
„ aus allen Ständen sorgen. Die weitere
„ Maasregeln der herrlichsten Wirksamkeit
„ wird Ihnen der Reisende zu seiner Zeit
„ mittheilen. *) Vor der Hand, muß das
„ Publikum uns blos als eine litterarische
„ Gesellschaft betrachten. Wir sind versichert,
„ daß ein Mann von Ihrem Geist und
„ Ihrer Thätigkeit **) die Beendigung der
„ ersten Epoche der Union zu beschleunigen
„ im Stande ist.“

„ Unsere beiden Hauptcomtoire sind in
„ Halle und Marburg, und es steht Ihnen
„ frei, sich an den Oberamtmann Barthels
„ in Halle, oder an den geheimen Rath
„ Baldinger in Marburg unmittelbar zu
„ wenden. ***). Ihre treu verbundeten XXII.“

*) Ich habe keinen gesehen.

**) O he! ich bin ja ein Obskurant!

***) An keinen von beiden habe ich je ein
Wort geschrieben. Es zeigte sich auch in
der Folge, daß die Unions = Männer diese
beiden Namen, so wie so viele andre,
blos vor den Riß gestellt hatten.

Nun folgen die weitern gedrukten Urkunden.

II.

Formular des Eides.

„ Ich, der ich dieses eigenhändig schreibe,
„ schwöre bei dem Gott, den ich anbete:
„ erstens, daß ich den Zwek der Deutschen
„ Union aufrichtig liebe und befördern zu
„ helfen ungeheuchelten Vorsatz hege ; daß
„ ich zweitens den von der besagten Gesell-
„ schaft (die deutsche Union genannt) mir
„ vorzulegenden Plan keinem Menschen zei-
„ gen, noch das Geringste davon bekannt
„ machen 1) auch denselben, sofern er mei=

---

1) Welcher Unsin, und welche schändliche,
sklavische Geheimnissucht liegt nicht in
dieser Bedingniß zugleich! Der Schwören-
de soll keinem Menschen den Plan zeigen,
und doch soll er Proseliten anwerben! ist
dies nicht die dümmste Inkonsequenz? Aber

„ne Approbation nicht erhalten sollte, so=
„gleich verbrennen will. Drittens, daß ich
„aber auch, wenn ich den Plan, wie ich
„hoffe, ausführbar, mit den strengsten
„Grundsätzen der Moral einstimmig und für
„meine Person von allen Bedenklichkeiten
„frei finde, mit möglichster Wärme densel=
„ben begünstigen, insonderheit aber alle mei=
„ne Bekannten und Korrespondenten, wel=
„chen ich Liebe zum Zwekke der Deut=
„schen Union zutrauen kann, möglichst er=
„muntern will, sich gleichmäßig, wie ich

man sieht, daß die Obern hiedurch für
die tiefste Verborgenheit ihrer Wahrheit
und Tugend sorgen wollten, indem sie
ihren Maulthieren einen so engen Maul=
korb anzulegen suchten. Eben dieser Eid
war es, der mich gleich Anfangs Unrath
merken ließ. Wenigstens fand ich es unbe=
greiflich, wie ein vernünftiger Mann, und
vollends ein Mann der Nation, einen
solchen unsinnigen und abscheulichen Eid
schwören könne. Für die Aufklärerlinge
und die ganze partie honteuse der belle=
tristischen Sansculotten, die durch diesen
Plan ihre Finanzen blühen sahen, war
dies aber schon recht.

„ gethan habe, an die Gesellschaft durch
„ mich zu wenden; und mit ihr in Verbin-
„ dung zu treten 2), viertens, daß ich, wenn
„ ich für gut finden sollte, mich als Mitglied
„ aufnehmen zu lassen, und sodann die übri-
„ gen wirklichen Mitglieder erfahre, keines
„ derselben irgend jemand entdecken will. Alles
„ getreulich und sonder Gefährde. So wahr
„ ich lebe, und einen Gott glaube und lie-
„ be! 3) Gegeben am — —

---

2) Ist es zu verwundern, daß ein sehr großer Bund von aufklärenden Taugenichtsen
zusammen gebracht worden ist , da sub
juramento & obedientia ein Taugenichts
den andern anwerben mußte!

3) Wer schaudert nicht über den Misbrauch
des Namen Gottes von solchen Menschen.

III.

Plan der deutschen Union.

„ Wir haben uns vereinigt, den grossen
„ Zwek des erhabenen Stifters des Chri-
„ stenthums, Aufklärung der Menschheit
„ und Dethronisirung des Aberglau-
„ bens und des Fanatismus durch eine stille
„ Verbrüderung aller, die Gottes Werk lie-
„ ben, durchzusetzen. 1)

1) Die Plumpheit, womit hier das Christenthum eingemischt wird, mußte jeden,
der Augen im Kopf hatte, und ein Christ
war, einleuchtend machen, daß die Zunft-
männer der Union Schurken waren, die
das Christenthum persiflirten. Die Unchri-
sten fanden aber ihre Rechnung dabei, denn

„ Unsere erste Wirksamkeit, (die bereits
„ sehr weit gediehen ist,) besteht darinn ,
„ daß wir uns überall durch unsere Ver=
„ trauten als eine für jenen Zwek verbrüdertе
„ Gesellschaft ankündigen lassen , und daß
„ wir jeden, der Sinn für diese Sache hat,
„ einladen, daß er sich an uns wende, und
„ unsern Plan zu sehen verlange."

„ Wir bemühen uns aber zuförderst alle
„ gute und aufgeklärte Schriftsteller in un=
„ sere Verbindung zu ziehen , welches desto
„ leichter geschehen wird, da in unserm Pla=
„ ne ihr größter ökonomischer Vortheil sich
„ findet. 2) Nächst diesem suchen wir Post=

weil sie ihre nichtswürdige Aufklärung dem
Christenthum untergeschoben , arbeiteten sie
der Zugrundrichtung desselben vor.

2) Hier liegt denn nun die Entdekkung einer
Schriftsteller = und Aufklärer = Conjura=
tion deutlich genug da. Wer nun noch
nicht begreift, warum die Aufkläreret die
Oberherrschaft der allermeisten Journale und
Modeschriften führt, der begreift nichts,
am wenigsten die Nothwendigkeit des im
zweiten Theile meiner höchst wichtigen

„ meister und Postsekretäre zu gewinnen,
„ zu Erleichterung der Korrespondenz und
„ Verhütung zu besorgender Kabalen der
„ unsrer Korrespondenz nachstellenden Gegen=
„ parthei. 3) Ausserdem nehmen wir Men=
„ schen aus allen Ständen auf, nur keine
„ Fürsten und Minister. — Wohl aber
„ deren Günstlinge. 4)

„ Wer nun an uns schreibt, dem legen
„ wir einen Eid vor, der uns die möglich=
„ ste Sicherheit für Entdekkung und Verrä=

Erinnerungen angeführten Promemoria an
einen deutschen Fürsten. Die Obern boten
den Sansculotten Hosen an, und das
war eben die rechte Fußangel.

3) Wer nimmt uns nun noch unsern Verdacht
übel, daß so manche Briefe und Pakete
von den Aufklärern gestohlen und erbro=
chen werden! (Man sehe Wiener Zeit=
schrift, 1792, Ites Heft. S. 99.)

4) Warum? Fürsten und Minister müßten
uns ins Zuchthaus schikken, weil unsre
Aufklärung sie entbehrlich macht. Mit den
Günstlingen aber läßt sich manchmal un=
terhandeln.

„ theret giebt. Unterschreibt er den Eid, so
„ empfängt er den Plan, und wird, wenn
„ er denselben gut und edel findet, wenig=
„ stens insoweit unser Beförderer, daß er
„ seine Freunde wieder auffordert, sich eben=
„ mässig an uns zu wenden. Auf diesem We=
„ ge lernen wir nicht nur die Freunde un=
„ sers Zwecks nach und nach kennen, son=
„ dern unsere Zahl wächst auch im kurzen
„ zu mehreren Tausenden an, weil, wenn
„ auch nur jeder, der nach Lesung unsers
„ Plans unser Freund wird, wieder zwei
„ uns schikt, die mit uns in Korrespondenz
„ treten, — zehn Freunde 20, zwanzig
„ 40. u. s. w. hervorbringen. 5)

„ Dieses Geschäft (davon wir in un=
„ serm Centro ein eignes Sekretariat halten)
„ setzen wir so lange fort, bis die Vorse=
„ hung so weit es segnet, daß wir an jedem

5) Diese Multiplikation ist so natürlich, daß
man an ihrer Realität gar nicht zweifeln
darf. Die Union hat, so wie der Illu=
minatismus, der französischen Revolution
am Rheine und anderwärts die tauglich=
sten und zahlreichsten Rekruten gestellt.

„ Orte, wo irgend litterarischer Verkehr ist,
„ wenigstens einen Theilnehmer an unserer
„ Verbrüderung haben. Alsdann tritt die
„ zweyte Epoche ein, und mit ihr unsere
„ zweyte Operation.

„ Wir melden mit einem Tage allen
„ Verbrüderten an allen Orten, daß die
„ Deutsche Union Konsistenz hat, und theilen
„ nun den mit uns verbrüderten Theil der
„ Nation in Provinzen oder Diöcesen ein,
„ und bringen diese unter zehn bis zwölf
„ Comtoirs, so daß alle Geschäfte der Diö-
„ cesane in ein Comtoir, und die Geschäfte
„ aller Comtoire in das Unionhaus (vide
„ infr.) als den Mittelpunkt des Ganzen
„ zusammen fließen.

„ Dabei entstehen zwei Klassen der Ver-
„ brüderten, nämlich die Klassen der gemei-
„ nen Brüder, und die Klassen der Dirigi-
„ renden 6).

6) Gerade wie in der französischen Re-
    publik! Nur weiß man, daß die Diri-
    genten dieser Republik wieder von andern
    Dirigenten dirigirt werden, !!!

„ Die Dirigirenden, nur wiſſen un=
„ ſern Zwek, und die Mittel dazu, und
„ machen eigentlich die Union aus, deren
„ Name und Verbindung vor der Welt gar
„ nicht laut wird 7).

„ Zu dem Ende bekommt die Sache
„ eine neue Auſſenſeite. Nämlich die eigent=
„ lichen Mitglieder ſprechen nur an ihrem
„ Orte, wo ſie leben, gar nicht von Union,
„ von Geſellſchaft, von Beförderung der
„ Aufklärung u. ſ. w., ſondern ſie thun ſich
„ an allen Orten blos als eine litterariſche
„ Geſellſchaft zuſammen, laden dazu alle
„ Freunde der Lektüre und nützlichen Kennt=
„ niſſe ein, — und das ſind denn die ge=
„ meinen Brüder, die nichts wiſſen, als
„ daß an ihren Orten ihre Geſellſchaft exi=
„ ſtirt, aber keinesweges, daß dieſe Geſell=
„ ſchaften in Verbindung ſtehen, und daß
„ alle ein ſo gröſſes Ganze ausmachen 8).

7) Nun Europa weißt du, wie du daran
biſt! Und man wundert ſich über verlohrne
Länder!!! —

8) Iſt auch dieſe Entdeckung noch nicht klar
genug?

„ Indem so an allen Orten Lesege=
„ sellschaften entstehen, (die, als solche
„ kein Aufsehen machen können) so suchen
„ nun die dirigirenden Brüder, jeder an sei=
„ nem Orte, folgende Mittelzwekke zu be=
„ wirken: 1tens das allgemeine Intelligenz=
„ blatt einzuführen, und alle andere Zei=
„ tungen und Journale zu verdrängen;
„ welches die eigene Güte und Vollständigkeit
„ unsers Blattes erleichtern wird. 2tens
„ Einen Sekretair ihrer Gesellschaft zu wäh=
„ len, welcher die Verschreibungen der von
„ ihnen für die Lesegesellschaft nach dem
„ Zwekke der Union gewählten Bücher
„ besorgt, und sich an seinem und den
„ umliegenden Orten erbietet, auch andere
„ Bücher für alle Liebhaber zu ver=
„ schreiben. Wenn an dem Orte ein Buch=
„ händler ist, der für die Union gewonnen,
„ und beeidigt werden kann, so ists billig,
„ diesen dazu zu nehmen, weil, wie unten
„ erhellen wird, der Buchhandel nach und
„ nach eingehen, und in die Hände der
„ Union fallen wird.

„ Und nun fällt vorläufig schon unsere

„ moralische Macht über die Nation in die
„ Augen. Nämlich man begreift, was die
„ Aufklärung gewinnen, und der Aberglaube
„ verliehren muß, 1tens wenn in allen Le=
„ segesellschaften von unsern Verbrüderten die
„ Bücher gewählt werden; 2tens wenn wir
„ an allen Orten unsere Vertrauten haben,
„ welche sichs zum eigenen Geschäft machen,
„ Aufklärung befördernde Schriften bis
„ in die Hütten des Volks zu ver=
„ breiten. 3tens Wenn wir die lauteste
„ Stimme im Publikum haben, und im allge=
„ mein gelesenen Intelligenzblatt die Schriften
„ des Fanatismus entweder ganz ins Dunkel
„ hinabdrängen, oder dafür warnen, und die
„ Werke des Lichts allein bekannt machen, und
„ empfehlen können; 4tens wenn wir nach und
„ nach, indem die guten Schriftsteller alle ihre
„ Schriften durchaus debitiren, den Buch=
„ handel ganz an uns ziehen, und dadurch
„ verursachen, daß zulezt die Schriftsteller,
„ die für den Aberglauben schreiben, weder
„ Verleger noch Publikum behalten. Wenn
„ wir endlich 5tens durch unsere Ausbreitung
„ alle gute Köpfe an uns ziehen, und da=
„ durch in den Stand gesezt werden, an

C

„ allen Orten, Familien, Höfen u. ſ. w.
„ im Stillen zu wirken, und auf Beſetzungen
„ der Hofmeiſterſtellen, der Sekretariate, der
„ Pfarreien, u. ſ. w. Einfluß bekom=
„ men 9).

9) Ich wollte über das bisher Geſagte keine
Anmerkung machen, um den nachdenkenden
Leſer in der zuſammenhängenden Prüfung
dieſes abentheurlichen Planes nicht aufzu=
halten. Jedes Wort muß da überdacht
und beherzigt werden, um ſich zu über=
zeugen, daß wir alle miteinander, die
wir keine Illuminaten und Unioniſten ſind,
als verrathene und verkaufte Opferthiere in
der allergrauſamſten Tirannei dieſer fana=
tiſchen Würgengel liegen! Nehmt uns es
nun noch übel, uns wenigen ehrlichen
Schriftſtellern, wenn wir die Hilfe der
Fürſten und der ehrlichen Männer im Lan=
de anruffen, um unſern Schriften doch nur
wenigſtens ſo viel Publizität und Schutz
zu verleihen, daß ſie in die Welt kom=
men, und geleſen werden können! Iſt
es denn noch nicht klar, daß ſogar dieſes
uns unmöglich gemacht wird, wenn die
Fürſten und ihr uns nicht helfen? Aber
leider, fehlt es immer noch allenthalben
an dieſer Hilfe. Man wirft ſein Vermö=
gen lieber für jede unnützeſte und ſchädlichſte
Futilität hinaus, als für die Bekehrung

„ Ist nun alles so eingerichtet,
„ so erhält die deutsche Union folgen=
„ de republikanische Gestalt, bei deren Be=
„ trachtung die Leser nur immer den Ge=
„ danken vor Augen behalten müssen, daß
„ die Union nie in dieser Gestalt vor der
„ Welt erscheinen, sondern nur den di=
„ rigirenden Mitgliedern sichtbar werden
„ wird.

„ (Folgt eine skizzirte Zeichnung der Union
„ in ihrer Vollendung 10).

C 2

des so sündhaft verführten Volks durch
heilsame und unterrichtende Schriften! Ja
man geht so weit, die wenigen ehrlichen
Schriftsteller vielmehr zu schikaniren und
zu intimidiren! aber vielleicht gehört eben
dies zu dem Verhängnisse, so über uns
schwebte.

10) Dieses Meisterstük geheimer Seelenfän=
gerei wurde mir nie zugeschikt. Aber
Bahrdt hat es publizirt, und ich theile
daselbe, nebst dem geheimsten Operati=
onsplan, am Schluß dieser Schrift mei=
nen Lesern als Anhang mit Da werden
sie erst recht klar sehen, wohinaus die
Sache eigentlich wollte, und daß offenbar
Niemand andrer als Illuminaten die
Stifter der Union gewesen sind.

IV.

An die beeidigten Mitglieder der deutschen Union.

Liebe Verbündete!

„Wir haben uns einem Geschäft unterzo=
„gen, das lastender ist, als wir glaubten,
„und das durch die Kosten für unser klei=
„nes Sekretariat, und durch das erstaunen=
„de Briefporto uns täglich lastender wird.
„Denn das was wir von Ihnen Theuerste,
„verlangt haben, ist nicht hinreichend, uns
„diese Kosten zu ersetzen, geschweige unsre
„persönliche Mühe und Zeitverlust auch zu
„vergüten, und dieß uns so weniger, da

„ viele den erbetenen Thaler noch nicht ein=
„ geschikt, manche auch ganz verbe=
„ ten haben 1), und — die meisten durch
„ unfrankirte Briefe, oft in einem Viertel=
„ jahre unsrer armen Casse das wieder ent=
„ ziehn, was sie auf ein ganzes Jahr uns
„ gegeben hatten.

„ Wir murren darüber keineswegs. Wir
„ beklagen es nur, daß unsre ökonomische
„ Kraft sich mit unserm Eifer für die Sache
„ der Menschheit nicht ausgleichen läßt 2).

„ Sollen wir also ein für die Mensch=
„ heit wichtiges Unternehmen nicht mitten in
„ seinem herrlichsten Fortgange hemmen, so
„ sind wir genöthigt, nicht nur unsere Ver=
„ bündeten zu bitten, längstens ein Jahr
„ nach der Zeit Ihres Eintritts den Kosten=
„ beytrag zu wiederholen, sondern auch,

1) Darunter war auch ich.

2) Ja freylich! die einmal schon beeidigten
   Sanscülotten forderten nun die stipulirten
   Hosen, und es waren keine da.

„ bei einer dem Zwekke der deutschen Union
„ angemeßnen Schrift, die wir auf Pränu=
„ meration herausgeben wollen, uns mög=
„ lichst zu unterstützen.

„ Wir legen zu dem Ende Nachrichten
„ 3) ans Publikum bei, und bitten nun
„ unsre Verbündeten inständigst, sich für
„ dieselbe mit einer etwas mehr als ge=
„ wöhnlichen Thätigkeit zu verwenden, das
„ heißt, 1tens entweder selbst Pränumeran=
„ ten zu sammlen, oder doch (jeder in sei=
„ nem Wirkungskreise) einen sichern Mann
„ anzustellen, welcher dies Geschäft über=
„ nehme, aber auch dabei das (was das
„ wichtigste ist), 2tens in denjenigen öffent=
„ lichen Blättern, die in eines jeden Wir=
„ kungskreise gangbar sind, diese Nachricht
„ bekannt zu machen, die Schrift NB. per=
„ sönlich zu empfehlen, und den auzustellen=
„ den Kollekteur dabei zu nennen 4).

3) S. die folgende Numer!

4) Diese bittliche Wehmüthigkeit muß man
   sich, was wahrer Ernst ist, dahin erklären,
   daß die, auf Rechnung ihres zu befriedi=

„ Wollen Sie , Theuerſte, uns die=
„ ſen Beiſtand leiſten , und allenfalls eini=
„ ges Briefporto dabei nicht achten, ſo hoffen
„ wir in den Stand zu kommen , in künfti=
„ gen Jahren ſelbſt den bisherigen Thaler
„ nicht mehr zu verlangen , und dennoch zu
„ arbeiten, und den Plan zu vollenden.

„ Zu Einſendung der Beſtellungen und

genden Hungers, in die Union getretenen
aufklärenden Sansculotten ernährt werden
mußten. Zu dieſem Ende brauchte man
einen fortwährenden Fond, und das waren
Pränumerationen. Das liebe Publikum
muß ſich hiebei offenherzig bedeuten laſſen,
daß die Unions = Männer eigentlich auf
ſeine Koſten gelebt haben , und noch le=
ben, denn dieſes Publikum iſt ſo groß=
müthig, durch den häuffigen Ankaufland=
verderblicher Bücher und Journale die
Gift = Spediteurs der deutſchen Nation ei=
genſelbſt zu füttern ; denn kaufte das
Publikum dieſe Bücher nicht , ſo hätten
die Unionsmänner keine Arbeit, und müß=
ten vielleicht aus Männern der Nation ,
Soldaten ihrer Fürſten werden, und ſo
würden ſie doch brauchbare Leute für den
Staat.

„ Gelber nennen wir hiemit folgende Diöcesane
„ der deutschen Union, an die alle Verbündete
„ ihre Briefe, zur weitern Beförderung an uns,
„ einschikken können, je nachdem ihnen einer
„ am bequemsten liegt.

Marburg, Herr Geh. Rath Baldinger,
Heidelberg, Herr Prediger Böhme,
Gotha, Herr Prof. Voigt,
Halle, Herr Oberamtmann Bartels.

„ Der äusserste Termin, Theuerste, auf den
„ wir Rüksicht zu nehmen bitten, ist die vorste=
„ hende Leipziger Michaelmesse. Wir wünschen
„ aber sehr, daß wenigstens ein Theil der Be=
„ stellungen und Gelder noch früher eingehen
„ möge, damit wir zeitig genug den Einkauf
„ des Papiers besorgen können 5). Wir opfern
„ gern Zeit, Mühe und Gedult, wenn die Glie=
„ der der deutschen Union uns mit Eifer und
„ Thätigkeit nur nicht entstehen wollen. Und
„ dann ist es gewiß, daß die Union binnen
„ Jahr und Tag Konsistenz hat.

5) Die Herren machen aus ihrer Hosenlosig=
keit gar kein Geheimniß. Nicht einmal
einige Ballen Papier können sie bezahlen!
Aber das Publikum hat ihnen in der
Folge schon reichlich genug auf die Beine
geholfen. Omne initium grave — sed
audaces fortuna juvat!!

V.

Nachricht.

„Nie ward so viel von Aufklärung ge=
„sprochen, für und wider sie geschrieben und
„gestritten, und zu ihrer Beförderung so=
„wohl als Unterdrückung gewirkt als jetzt.
„Wir glauben also, daß es ein ganz eigen=
„thümliches Bedürfniß für unsere Zeiten ist,
„in einer Schrift das streitige Publikum
„gleichsam aus einander zu setzen. Eine sol=
„che Schrift kündigen wir hiemit unter dem
„Titel an:

Ueber die Aufklärung und ihre Be= förderungsmittel. 1)

1) Das geneigte Publikum hat sich um sein
theures Geld durch dieses giftige und elende
Buch so stark amüsiren lassen, daß mehrere

,, Unſere Abſicht iſt, 1 tens den ſo ſchwan=
,, kenden Begriff des Worts Aufklärung end=

Auflagen davon gemacht werden mußten,
und ohne mit einem Worte zu ahnen, daß
dieſes Buch das Produkt einer geheimen
Sekte ſei, welche die Abſicht hatte, dieſes
geneigte Publikum phiſiſch und moraliſch zu
bohren. Es hat ſich in der Folge noch
ſehr oft bohren laſſen, z. B. durch die
Skarteke über Preßfreiheit und deren
Gränzen, durch die Bahrdtiſchen, Schul=
ziſchen, Kniggiſchen Schriften, durch die
Jenaiſche Litteratur = Zeitung, die neue
deutſche Bibliothek, die Berliner Monats=
ſchrift, die Nikolaiſche Reiſebeſchreibung,
und alle die vielen illuminatiſchen Jour=
nale, die alle mit einander keinen andern
Zwek haben, als die deutſchen Köpfe zu
benebeln, dem Publikum das Geld aus
dem Beutel zu hohlen, und von dieſem
Gelde die aufklärenden Sanscüllotten,
Schöngeiſter, Jakobiner und Propagandi=
ſten bequemer zu füttern. Man muß es
zur Schmach dieſes Publikums endlich laut
ſagen, daß es, verſunken in eine unaus=
ſprechliche Sorgloſigkeit, das Verderbniß
ſeiner Köpfe und Herzen, ſeiner Sittlichkeit
und Moral, um ſein theures Geld den Mord=
brennern der Aufklärung aus kindiſcher Neu=
gierde und Lüſternheit ſelbſt eigends abgekaufet

„ lich einmal zu befestigen, und das Publikum
„ über einen bestimmten und genau begränz-
„ ten Begriff zu vereinigen, dabey 2tens das
„ Wesen der Aufklärung so zu karakterisiren,
„ daß sich klar und deutlich ergebe, ob, wenn
„ und wie weit Aufklärung der Menschheit
„ zuträglich sei: 3tens zu bestimmen, wel-
„ ches die eigentlichen Gegentheile der Auf-
„ klärung sind, und folglich auch Natur
„ und Gränzenpunkte des Aberglaubens
„ und des Fanatismus anzugeben, um
„ daraus mit Sicherheit zu folgern, wie und
„ wo man diesen Uebeln entgegen arbeiten
„ müsse: endlich 4tens die sämmtlichen Mit-
„ tel aufzuführen, welche bisher angewandt
„ worden sind, oder noch angewandt wer-
„ den durften, Aufklärung der Menschheit zu
„ befördern, wobei 5tens alle Einwürfe ge-
„ prüft werden sollen, welche gegen die Wirk-
„ samkeit oder Rechtmässigkeit aller solcher
„ Mittel gemacht werden können. 2)

hat, und immer noch abkauft. So kauft ein
Wahnsinniger einen Strick, um sich daran
zu erhenken!

2) Diese Versprechungen waren ganz gut,
und da das profane Publikum nicht wußte,

„ Diese wichtigen und für alle Menschen=
„ freunde interessanten Gegenstände zu bear=
„ beiten, und mit möglichster Gründlichkeit
„ ins Licht zu setzen, haben wir, eine Ge=
„ sellschaft von Gelehrten 3) uns vereinigt.

wer die Leute wären, die hier Aufklä=
rung predigen wollten, so gab es treuher=
zig seine vielen Gulden praenumerando
hin, um gegen ein so geringes Geld endlich
einmal ins Reine zu kommen, was denn Auf=
klärung eigentlich sei? Aber als man das
Buch gelesen hatte, wußte man gewisser=
maßen gerade so viel, als vorhin, das
heißt: Das Buch war weiter nichts, als
ein etwas methodischer Mischmasch aller
derjenigen Sentenzen und Sophistereien, die
uns schon bevor die Aufklärer in ihren
zahllosen Skribeleien zu Kaufe gegeben hat=
ten. Man erfuhr nichts mehr und nichts
weniger, als: Aufklärung sei Bekrittlung
und Verhöhnung aller bisher bestehenden po=
litischen und religiösen Sisteme, und Aber=
glauben: Behauptung und Vertheidigung
dieser Sisteme, und überhaupt Wider=
stand gegen die Revolutionsseuche der Auf=
klärerei.

3) Der Ober=Sansculott Bahrdt war der
angebliche Präsident dieser Gesellschaft, und

„ Wir bieten dem Publikum das Alpha-
„ bet dieser Schrift (und viel stärker dürfte
„ sie auch nicht werden) um 16 Ggr. Prä-
„ numeration an, so daß nach Verfluß des
„ Pränumerationstermins, der in der Leipzi-
„ ger Michaelismesse ist, der Ladenpreß einen
„ Thaler betragen wird: und ersuchen alle
„ Freunde der Wahrheit und der Aufklärung 4)
„ ihre Bestellungen und Gelder entweder an
„ Herrn geh. Rath Baldinger in Marburg,
„ oder Herrn Prof. Voigt in Gotha, oder
„ Herrn Oberamtmann Bartels in Halle,
„ oder Herrn Prediger Böhme in Heidelberg,
„ vor der genannten Messe einzuschiffen, und
„ dann wenige Wochen nach der Messe die

auch Verfasser des Buchs. Aber im verborgenen Hintergrunde saßen schon noch
andre Präsidenten, wie wir weiter unten
erfahren werden.

4) Wer hätte da nicht pränumeriren sollen!
besonders in Hinsicht der gleich folgenden
Namen, und da man nicht wußte, daß
Bahrdt in Halle der Verfasser, Wucherer
in Wien Verleger, und der Illuminatismus der eigentliche Entrepreneur des Bu-
ches war!

„ bestellten Exemplare mit Gewißheit zu erwar=
„ ten. Wer 9 Exemplare verschreibt, und
„ mit 2 Dukaten bezahlt, erhält das 10te
„ gratis.

VI.

Handschriftliches Circular.

„ Wir senden Ihnen, würdiger Mann, ei=
„ nen verbesserten Plan, mit Bitte, den
„ alten möglichst zu kassiren, und melden
„ Ihnen zugleich, daß die Union seit einigen
„ Monaten über 200 der würdigsten Männer
„ als beeidigte Mitg ieder erhalten hat 1). Noch
„ in diesem Jahre wird Ihnen eine General=
„ liste kommunizirt werden, mit dem Auf=
„ trage, alle Mitglieder, die Sie etwa als
„ solche kennen, die nicht Ihres vollsten Ver=
„ trauens würdig sind, uns anzuzeichnen.
„ Wir hoffen, wenn alle unsre Geprüfte

1) Ob diese Zahl ganz richtig seyn mochte,
steht dahin. Aber großen Zulauf fand die
aufgeklärte Unions-Quaksalberei allerdings.

„ solche Liste lesen, und dergleichen Mitglie=
„ der anzeichnen, ziemlich helle zu sehen und
„ zu erfahren, wo einst der Reisende einspre=
„ chen oder vorbeigehen soll 2). Verwen=
„ den Sie sich möglichst für die Ausbreitung
„ der Union, besonders an Orten, wo sie
„ laut der Listen noch keine Mitglieder hat,
„ und besorgen zugleich die Pränumeranten=
„ Sammlung auf das angekündigte erste Werk
„ der Union, als worauf die Erhaltung un=
„ sers Sekretariats beruht 3) Wir nennen
„ uns hochachtungsvoll

Ihre treuverbündeten
XXII.

2) Das war also die Sonderung der Schaafe
von den Böcken, und die Losung zur de=
nunzirenden Spionerie. So erfuhren also
die Eingeweihten der Clique ihre Antipo=
den, und wußten, wem sie nun ihre Hör=
ner zu zeigen hätten. Bei mir hat der
Reisende nicht zugesprochen. Also war ich
bei Zeiten auf der Liste der Antipoden,
denn gegen meine Namennennung auf der
Liste derEingeweihten hatte ich solenniſſime
protestirt.

3) Soll heissen: unsrer ganzen Sansculotten=
Clique.

VII.

Verbefferter Plan der deutſchen Union.

(Gedruckt.)

„ Der Zwek der Union iſt auf das Beßte
„ der Menſchheit gerichtet, welches durch
„ wahre Aufklärung und Entthronung 1)

1) Man muß dieſes ſo ſanft hereinſchleichende
Wort Entthronung nicht blos für eine
oratoriſche und tropiſche Wendung neh=
men. Es hätte ja auch Vernichtung,
Bekämpfung u. d. gl. heiſſen können.
Aber man wollte es den Männern der Na=
tion deutſch ſagen, daß man die materiel=
len Throne der Fürſten, des Papſtes und
der Religion im Geſichte habe, und dieſes
ſelbſt entthronen und entkrönen wolle.
Dieſes ſowohl, als der ganze weitere In=

49

„ des Fanatismus und moralischen Despo-
„ tismus befördert wird. (S. die Schrift über
„ Aufklärung und deren Beförderungs-
„ mittel 1787.) Die Mittel, welche die-
„ sen wesentlichen Zwek der Union zugleich
„ mit den wahresten Vortheilen der Verbün-
„ deten erreichen, sind folgende:

halt dieses verbesserten Planes beweist es
völlig handgreiflich, daß die deutsche Union
nicht sowohl ein Surrogat des für erloschen geglaubten Illuminaten = Ordens,
sondern bloß allein die Antichambre desselben gewesen ist. Beyde sind im Wesentlichen eben und dasselbe Idem; nur
daß man in die Antichambre alles sanscü-
lottische Krethi und Plethi durcheinander
hineintrieb, und in den hintern Kabinetten
die Illuminati, Majores und Dirigentes
in tiefster Heimlichkeit den neuen Welt-
bau, und das Satteln und Reiten ihrer
Maulthiere in Ordnung brachten. Wollt
ihr ein Gleichniß, so nennt die Jakobiner-
Clubbs die deutsche Union, die Freimaurerei den Nationalkonvent, und die geheimen Comitées den Illuminatenorden; so
wißt ihr, wie ihr daran seid.

D

„ ָ1tens. Die Union hat unter sich einen
„ geheimen Operationsplan, nach wel=
„ chem es möglich wird, den Buchhandel
„ in Ihren Wirkungskreis zu verschließen.
„ Und sie wird zu dem Ende, damit sie die
„ bisherigen Buchhändler nicht beschädige,
„ sich bemühen, dieselben größtentheils nach
„ und nach selbst mit sich zu verbinden.
„ Durch Anziehung des Buchhandels bekommt
„ sie es in ihre Gewalt, die Schriften für
„ die Aufklärung zu mehren, und die ent=
„ gegengesetzten zu mindern: in=
„ dem nach und nach die Verfasser
„ der letztern Verleger und Publi=
„ kum verlieren werden 2).

„ 2tens. Die Union giebt, sobald sie
„ Konsistenz hat, dem Publikum ein allge=
„ meines politisch = litterarisches Intelli=
„ genzblatt, welches durch seine innere Güte
„ sowohl, als durch den Einfluß der Ver=
„ bündeten, nach und nach alle übrigen Blät=
„ ter dieser Art verdrängt: und sie erlangt

2) Man sehe die obigen Anmerkungen, und
das Promemoria an einen deutschen Fürsten.

„ baburd) bie Madjt, bas Publifum für
„ alles zu ſtimmen, was ihrem Zwekke för=
„ berlid) iſt 3), und zugleid) theils bie durd)
„ ihren Handel ausgehenden Schriften ſchnell
„ und überall zu empfehlen und zu verbrei=
„ ten — theils alle mit ihr verbündeten
„ Künſtler, Kaufleute ꝛc. auf vielfache Weiſe
„ zu begünſtigen.

„ 3tens. Die Union errichtet an allen
„ Orten Leſegeſellſchaften nach einem gemein=
„ ſchaftlichen Plan, und bringt baburd) alle,
„ ihren Zwek beförbernde Schriften, in bie

D 2

3) Nun weiß doch bas Publifum, wer ihm
seine bisherige Stimmung gegeben hat,
und es wird ſich doch hoffentlich ein wenig
zu ſchämen anfangen, wenn es nun er=
fährt, in weſſen Händen ſeine Ohren ge=
weſen ſind. Es leihe doch zur Probe auch
einmal ſeine Ohren uns, und bemerke bann,
von wem es vernünftiger geſtimmt werden
wird. Das wilde Bachanal ſeiner Geiſtes=
ſchwelgerei ſollte ihm doch endlich einmal
zum Ekkel werden.

„ Hånde der Lesewelt , mit Verdrångung
„ derer , die demselben zuwider sind 4).

„ 4tens. Die Union führt eine gewisse
„ Art von schneller, fast kostenloser und un=
„ entdekbarer Korrespondenz unter sich ein,
„ welche der geheime Plan vorzeichnet, und
„ welche alle Mitglieder aller Orten in den
„ Stand sezt, alles zu erfahren, was in
„ der Welt für oder wider ihren Zwek vor=
„ geht, und alle Menschen kennen zu lernen,
„ welche durch hellen Kopf, Talente, Ge=
„ schiklichkeiten 2c. sich auszeichnen. Und diese

4) Was ich in meinem 2ten Theile von den
Lesegesellschaften gesagt habe, wird nun
doch vermuthlich einigen Glauben finden,
da die Centralbrüder hier das Nämliche
selbst sagen, denn diese Leute hatten ja
bisher überall den Vorzug, daß man ihnen
Alles glaubte, und uns nichts. Man
glaubt es uns ja kaum, daß es solche
Centralbrüder giebt, weil die aus dem
Nest aufgejagten Zaunkönige nun allent=
halben schreien, sie wären nie in dem Nest
gewesen. Weiß Gott, wie man sich diese
Blind = und Taubheit des Jahrhunderts
erklären soll!

„ Gemeinkunde ſezt wiederum die Union in
„ den Stand, überall Einfluß zu haben,
„ für alle Aemter die beſten Subjekte zu
„ empfehlen u. ſ. w., und alles an ſich zu
„ ziehen, was für ihren Zwek brauchbar
„ iſt. — Was durch dieſe Korreſpondenz,
„ auſſer dem weſentlichen Zwekke der Union,
„ die einzelnen Mitglieder, als Schriftſteller,
„ Kaufleute ꝛc. für ſich ſelbſt für Vortheile
„ erzielen, wird dem nachdenkenden Leſer un-
„ erinnert einleuchten 5).

5) Ich meine gleichfalls, dieſer Paragraph
ſollte von Zeile zu Zeile dem Leſer, welcher nachdenken, und nicht bei ſeiner Lektüre ſchlafen will, hinlänglich einleuchten.
Er wird nebſt der unentdekbaren Korreſpondenz beſonders den glüklichen Einfall
bemerken können, daß die geheimen Orden
jedem deutſchen Menſchenſohne ſeinen künftigen Spion auf die Ferſe geſtellt haben,
und daß in der Welt und in allen Winkeln derſelben nun nichts mehr geſchieht,
was dieſe allwiſſenden Cliquen mittelſt ihrer Gemeinkunde nicht erführen. Die Kabinette der Fürſten, der Miniſter und Feld-
herren werden wohl auch Gegenſtände dieſer Gemeinkunde ſein, denn die Central-

„ Die Union hat aber alsdann erst Kon=
„ sistenz, wenn an jedem Orte Deutsch=
„ lands, der nur von einigem Belang ist,
„ wenigstens ein beeidigtes Mitglied sich be=
„ findet. Und um dieses zu bewerkstelligen,
„ suchet sie sich jezt in der ersten Epoche
„ ihrer Wirksamkeit möglichst zu verbreiten,
„ und verpflichtet ihre Mitglieder vor der
„ Hand zu weiter nichts, als daß sie mit
„ dem wärmsten Eifer jeden Mann von Kopf
„ und guten Karakter, wes Standes er
„ sei, zur Union zu ziehen suchen 6). Die

brüder halten es ja mit den Günstlin=
gen! — Die Heimlichkeiten der Privat=
leute, besonders der obscuren Gelehrten und
Schriftsteller, sind aber ohnehin ihre un=
wiederbringliche Beute.

6) Der geneigte Leser hat da allerdings wie=
der etwas zum — Nachdenken; denn wer
steht ihm gut dafür, daß nicht sein Sohn,
sein Bruder, sein Freund, sein Klient,
sein Schreiber, sein Nachbar, sein Be=
dienter ein Werkzeug der Gemeinkunde sei,
der ihn beobachten und verrathen muß,
da man ja Leute aus jedem Stande und
jeden Kopf in die Centralbrüderschaft hin=
einruft!

„ Einladung oder Anwerbung geschieht so,
„ daß der Anwerbende dem, den er der Ge=
„ sellschaft zuzuführen gedenkt, Dasein und
„ Zwek einer deutschen Union berichtet, und
„ wenn er zum Beitritte Lust bezeigt, von
„ ihm einen Eid zur schriftlichen Ablegung
„ fordert, (in beliebiger Formel) in wel-
„ chem er Verschwiegenheit und elfrize
„ Wirksamkeit für den Zwek der Union an=
„ gelobet 7).

7) Hier wird der Eid in einer beliebigen
Formel gefordert. Die Ursache war, weil
die Klugen und Ehrlichen den vorgeschrie=
benen Eid nicht schwören konnten und durf=
ten. Für diese gab man dann dieses be=
liebige Palliatir. Für die Schurken und
die Dummen aber hatte man einen andern
Abdruk des Plans, und für diese war fol=
gender Eid vorgeschrieben:

„ Ich, der ich eigenhändig und freiwillig
„ dieses schreibe, schwöre bei dem Gott,
„ den ich anbete, daß ich den Zwek der
„ deutschen Union aufrichtig liebe: und
„ ich gelobe hiermit, ohne alle Einschrän=
„ kung und Vorbehalt, die heiligste Ver=
„ schwiegenheit bei allem, was mir

„ Wer diesen Eid leistet, dem theilt so-
„ dann der Anwerbende den Plan und den
„ Auszug aus dem Namenverzeichnisse mit,
„ läßt sich beides wieder zurückgeben, und
„ schift den erhaltenen schriftlichen Eid, nebst
„ einem Thaler Kostenbeitrag, den jeder beim
„ Eintritt erlegen, und jährlich wiederhohlen
„ muß, an das Archiv ein.

„ Sobald diese Werbungsepoche der Deut-
„ schen Union geendigt seyn wird, sobald
„ werden an alle Mitglieder Generallisten
„ versendet, mit dem Auftrage, jedes Mit-
„ glied gewissenhaft und nach obhabender

„ nach Ablegung dieses Eides bekannt
„ gemacht werden wird, sofern alles,
„ wie ich hoffe, mit meinen frühern Pflich-
„ ten, die ich dem Staat und der Mensch-
„ heit schuldig bin, sich verträgt. Auch
„ verspreche ich hiermit, daß ich, so mir
„ die Gesellschaft und ihr Plan gefällt,
„ und ich mich entschließe, ihr beizutreten,
„ welches ich mir zu freier Ueberlegung
„ vorbehalte, mit möglichstem Eifer an
„ ihrer Wirksamkeit Theil nehmen will:
„ so wahr ich einen Gott glaube und
„ liebe! "

„ Eidespflicht anzuzeigen , welches der An=
„ zeigende nicht seines vollen Vertrauens wür=
„ dig findet 8). Indem so jedes Mitglied
„ von allen übrigen sein Urtheil giebt, so
„ werden sich mit höchster Wahrscheinlichkeit
„ die Unächten dadurch herausfinden lassen,
„ wenn man das warnende Urtheil Vieler
„ zum Maasstabe macht.

„ Sobald alsdann die Zahl der Bewähr=
„ ten offenbar ist , ergeht an die Männer der
„ Nation eine Einladung zu einer Synode.
„ 9) Diejenigen, welche sich dazu einfinden,
„ bringen sofort den geheimen Operationsplan
„ aufs reine, und reguliren die öconomische
„ Verwaltung der Geschäfte im Centro durch
„ eine schriftliche, und von denen im Centro
„ befindlichen Mitgliedern zu beschwörende
„ Instruktion. Wenn dieser vollendet ist,
„ reisen sogleich einige, mit Vollmacht und
„ Legitimation von der Synode ausgerüstet,
„ durch alle Orte, wo beeidigte Mitglieder

8) Zweifelt noch Jemand an der Spionerie ,
    und an Vater=Bruder=Freundes=Verrath ?
9)

„ find, ſtiften an jedem Orte eine ☐ 10)
„ nach altem einfachen Ritual, und theilen

10) Ich muß dir, lieber Leſer, ganz offen=
herzig ſagen, daß dieſes Viereck nichts an=
ders, als — F r e i m a u r e r = L o g e
heißt ! ! ! Meine werthen Herrn Brüder
Freimaurer, und ſelbſt die drei Prager
Logen, in deren Namen mich einſt ein
inſolenter Menſch ſchikanirt hat, mögen
mir demnach erlauben, die Reinigkeit und
Aechtheit der heutigen Freimaurerei in al=
len Rückſichten ſtark zu bezweifeln, denn
ſo wie es längſt bewieſen und beurkundet
worden iſt, und wie ich es in dieſer Schrift
aufs unwiderſprechlichſte beweiſen werde :
daß von einer Seite der Illuminatismus
ſich des Siſtems, der Direktion, des gan=
zen Geiſts der Freimaurerei bemächtiget
hat, ſo wird es aus dieſen und andern
Urkunden offenbar, daß von der andern
Seite durch die Centralbrüder der deutſchen
Union, die Freimaurerei düpirt, korrum=
pirt, und zu einem blinden Werkzeuge
der neuern Aufklärungs=Revolutionen aufs
thätigſte gemisbraucht worden iſt. Ich ha=
be dies ſeit mehreren Jahren her den äch=
ten und redlichen Freimaurern wiederhohlt
und ernſtlichſt zu Gemüthe geführt; und
werde es in dieſer Schrift bei jedem An=
laſſe wieder thun ; ich habe ſie gewarnt,

„ den geheimen Operationsplan nebst der ob=
„ gedachten Instruktion allen Bewährten

und sie sind vorzüglich und höchst eindrin=
gend durch das von den falschen Aposteln
und der Unwissenheit so grob verschriene
Manifest der unbekannten Obern gewarnt,
und zu ihrer Pflicht gewiesen
worden. Aber das will immer noch
nichts helfen. Vielmehr meint man weise
zu handeln, wenn man solche Warnungen
mit Undank, und am Ende gar mit Ver=
folgung und Rache vergilt. Man hält es
für Entheiligung der Sache, wenn ein
rechtschaffener Mann beweißt, daß die Sa=
che von Bösewichten nur zu sehr geschän=
det worden ist. Man verharret hartnäckig
und fest in seiner so lieb gewonnenen Blind=
heit, und will lieber Alles in Trümmer
gehen lassen, als das wenige Uebrige noch
etwa aus dem allgemeinen Schiffbruche ret=
ten. Man sträubt sich mit einer wilden,
mit einer unbegreiflichen Widerspenstigkeit
gegen eine dargebotene Vereinigung der
Guten, deren Zwek die Sache Gottes und
der Menschheit ist, und läßt dagegen rings
um sich herum die Bündnisse der Bösen
täglich anwachsen, und zur fürchterlichsten
Uibermacht sich erheben. —
Was aus dieser beweinenswürdigen Lethargie
am Ende entstehen muß, das liegt am

„ mündlich mit. Und diese ☐ ☐ machen
„ alsdann die dirigirende Klasse der Union
„ aus.

„ Jede ☐ stiftet dann an ihrem Orte
„ eine Lesegesellschaft , und stellt sogleich
„ den dasigen Buchhändler, so derselbe will,
„ oder sonst einen schiklichen Mann an, wel=
„ cher die mechanische Leitung der Lesegesell=
„ schaft besorgt, und zugleich den Kollekteur
„ oder Spediteur der Union ist, so daß von
„ Stund an die Union an allen Orten
„ Deutschlands ihre Komtoirs hat , durch

Tage , ohne daß man es ausdrüklich mit
Namen zu nennen braucht. Man hat Al=
les gesagt , wenn man euch zuruft: Haben
wir kein Gefühl für die Gegenwart , so
bedenken wir, daß die Nachwelt uns ver=
fluchen wird, wenn wir ihr das Heiligthum
der Religion nebst ihrer moralischen und
politischen Glükseligkeit vor unsern Augen,
und durch unsere strafbare Unthätigkeit
rauben lassen. — Dies ist es, wahre Män=
ner der Nation! was wir im größten Ern=
ste unserer Herzen bedenken müssen. Die
Rolle des stummen Hundes bei allgemeiner
Gefahr ist die schändlichste und unverant=
wortlichste aus allen.

„ tie sie ihren Buchhandel betreibt, und die
„ Ebbe und Flut ihrer Korrespondenz leitet.
„ Und dann ist mit einemmale die ganze große
„ Maschine im Gange, deren Geschäfte sich
„ in einem Centro vereinigen. I ¹)

„ Das Archiv der Union, wo bisher
„ einige der ersten Stifter derselben mit un=
„ belohnbarer Mühe und Kosten die weit=
„ läuftigste Korrespondenz und eignes Sekre=
„ tariat unterhielten, ist genöthigt, die Mit=
„ glieder der Union, wenn die Sache beste=
„ hen soll, um möglichst frankirte Briefe zu
„ ersuchen.

***

11) Also Buchhandel, Freimaurerei. Le=
segesellschaften sind dann in den Händen
der Centralbrüder und der Union! und
wenn man die große Menschenmenge be=
denkt, welche zu diesen dreifachen Institu=
ten gehören: so kann man auch schwer be=
rechnen, mit wie vielen guten Freunden
wir Uebrige allenthalben umgeben sind.

VIII.

Circular des Buchhändlers Wucherer

An die Unions = Mitglieder in den k. k. Staaten. 1)

(Gedrukt.)

Verehrungswürdige!

„ Das Centrum der Union erklärte mich
„ schon mehrmalen und auch noch im beilie=

1) Mir ist dieses Circular nicht eigends zu=
geschikt worden. Ich erhielt es unter der
Hand.

„ genden Circulare zum Haupt = Diöcesan
„ der k. k. Staaten. Der größte 2) Theil
„ hiesiger Mitglieder schien mit dieser Wahl
„ zufrieden: das war mir Beweggrund ge=
„ nug, mich mit Wärme diesem beschwerli=
„ chen Amte zu unterziehen, und meine ei=
„ gene Berufsgeschäfte dem allgemeinen Wohl
„ der Union nachzusetzen. — Da es aber
„ noch immer Mitglieder giebt, die mein
„ Bemühen und mich zu verkennen scheinen,
„ 3) oder wohl gar mit der Würde eines

2) Die Zahl muß also doch nicht geringe ge=
wesen sein.

3) Das war auch sehr unrecht, einen Mann
der Nation, wie Wucherer, zu verken=
nen! Die Chronique scandaleuse dieses
Menschen ist zu abscheulich, daß ich mich
auch nur mit einiger Erzählung derselben
verunreinigen möchte. Noch im Jahre 1791
belog er mich in Wien auf Tod und Le=
ben, er habe der Union auf ewig entsagt,
und ich war gutherzig genug, es ihm zu
glauben, und an seiner Besserung zu ar=
beiten. Aber die Polizei befand in der
Folge, daß er immerfort der alte Sünder
geblieben war, und so wurde er mit sei=
nem: Naturam furcæ expellas, tamen

„ Diözesans Gott weiß, welche Vortheile
„ verbunden glauben, so will ich Sie, Ver=
„ ehrungswürdige, hiemit recht inständig ge=
„ beten haben, sich aus Ihnen einen andern
„ Diözesan zu wählen, und sobald möglich
„ durch mich, oder wenn Sie es beliebiger
„ finden, direkte dem Centrum Ihre Vota,
„ oder das Resultat davon zu übersenden.

usque recurret, für immer aus dem Lan=
de gejagt. Er treibt sich jezt, wie Kain,
im schwäbischen Deutschland auf der Flucht
herum, und hilft überall tüchtig illumini=
ren. Wahr ist es auch, daß ich, und meh=
rere Kandidaten sich gleich anfangs entsez=
ten, von einem Wucherer dirigirt werden
zu sollen; und so trat er zum Scheine
ab, weil die Polizei auf ihn aufmerksam
wurde, und gab die Direktion an einen
seiner guten Freunden zu Wien ab. Aber
er blieb dann immer der heimliche Mäkler
und Unterhändler, und Alles, was die
Union drukken ließ, kam mit Typis Wu-
cherianis ans Licht. Das Bahrdtische
Pasquill über den König von Preußen, und
sein Religionsedikt, mehrere Pasquille ge=
gen Joseph II., und überhaupt ein unge=
heurer Wust illuminirtes Unions = Papier
kam aus seiner Presse.

„ Ich habe bereits dem Centralgeschäftsträ-
„ ger der Union meine Resignation überschikt,
„ mich aber zugleich angeboten, aus Liebe
„ zum Wohl der Union, die an mich ein-
„ laufende monatliche Paquets unentgelblich
„ an das Centrum einzusenden. 4)

„ Dieser Schritt soll Sie überzeugen,
„ daß es mir nicht um Privatvortheile, son-
„ dern um Beförderung des Guten zu thun
„ ist. Darf ich schlüßlich eine Bitte an Sie
„ thun, so ist es diese, daß Einigkeit und
„ brüderliches Vertrauen, Zwist und Par-
„ theigeist 5) auf immer von Ihnen ferne

4) Welche Uneigennützigkeit ! — Aber das
   hieß ja, im Grunde Diözesan bleiben, und
   der Polizei einen blauen Dunst vor die Augen machen. Der Umstand war, daß Wucherer der Universal = Buchhändler der
   Union, und Verleger aller Unions Schriftsteller sein und bleiben wollte.

5) Es ist doch einiger Trost für uns, daß
   das Reich der Finsterniß so selten einig
   unter sich zu sein pflegt.

E

„ halten. Ich bin mit der vollkommensten
„ Verehrung

Ihr

Wien den 12ten
Dezember, 1788.

treuverbündeter
Georg Philipp Wucherer
Haupt-Diözesan oder Ge-
schäftsträger der Union für
die k. k. Staaten. *)

---

*) Ich ersuche die s. e. drei Freimau-
rer-Logen zu Prag, diese Titulatur und
Unterschrift nebst der Jahrzahl 1788. wohl
zu beherzigen ; denn , als ich im Jahr
1792 gesagt hatte : Der Faktionsgeist
gefährlicher geheimer Verbindungen habe
auch seine Sitze und Tempel in Wien,
Prag, Pest und Ofen, so erkühnte sich ein
petulanter Mensch, im Namen jener Logen, dies abzuläugnen, und frech genug
mich zur Rede zu stellen. Wenn nun aber
oben Nro. VII. aktenmäßig dargethan
worden ist , daß die deutsche Union sich
der bestehenden Freimaurer-Logen zu bemächtigen , neue Logen zu stiften, und
überhaupt alle Männer der Nation in ihre Clique zu fangen suchte , und es mir
und andern als erwiesene Thatsache bekannt
geworden ist , daß die Proselitenmacherei
in den österreichischen Staaten nicht eben

Ein namentliches Circular.

(Gedrukt)

Würdigste Brüder!

„Die XXIIger , welche theils in Berlin ,
„ theils in Halle leben, — und durch leicht

ohne reichlichen Erfolg von statten gieng,
so werden die besagten s. e. Logen zu Prag
allerdings meine Bescheidenheit und mei=
ne Schonung loben müssen, indem ich es
damals nur bei einigen allgemeinen Fin=
gerzeigen bewenden ließ , obschon ich alle
hier mitgetheilten, und noch andere Akten=

„ zu errathende Umſtände gezwungen ſind,
„ ſich noch zur Zeit verborgen zu halten, —
„ und die mir bisher die Direktion des Se-
„ kretariats übertragen hatten, haben mir
„ aufgetragen, den Verbündeten zu melden,
„ daß ſie ihr zeitheriges Verhältniß von nun
„ an aufgeben, und nichts mehr ſein wollen,
„ als Mitglieder der deutſchen Union und eif-
„ rige Beförderer ihres erhabenen Endzwets.
„ Und ſie hoffen eben dadurch die Union,
„ für welche ſie nun genug aufgeopfert und
„ gewagt 1) haben, (was mit der Zeit allen

ſtükke auch ſchon damals in Händen hatte! Nun iſt es aber in der Reihe, daß
man mit der Sprache etwas deutlicher heraus rükken muß.

1) Warum waren doch die Herren Sekretäre
nicht ſo offenherzig, zugleich en detail
anzuzeigen, was ſie bisher eigentlich
gewagt hatten? Eben dieſe und dergleichen fein verſtekte, aber auch ſehr vieldeu-
tige Inſinuationen mußten die wahren Männer der Nation aufmerkſam und mistrau-
iſch machen, weswegen auch ſo viele derſelben, deren Namen man lezhin auf die

„ Verbündeten klar werden soll,) den größ-
„ ten Dienst zu leisten, indem sofort alle
„ Furcht vor geheimen Obern wegfällt,
„ und ein gemeinschaftliches Vertrauen der
„ Brüder möglich wird. Sie schlagen da-
„ hero sämmtlichen Verbündeten durch mich
„ vor, die Union als freie Republik 2) in

Listen gesezt hatte, öffentlich oder durch
Briefe dagegen protestirten. Die Maulthiere aber, und die Sansculotten ließen
sich durch keine Bedenklichkeiten irre machen.

2) Man sieht also, daß die Idee der freien
Republiken in dieser neuern Zeit, nicht
eben in Frankreich, im National = Konvent
und am 10ten August 1792 zuerst erfun-
den worden ist. Die aufklärenden Sansculotten hatten sie schon früher in Deutschland, und suchten sie bereits im Jahre
1788 in Deutschland zu realisiren. Ein
geheimer Wind trug sie nur von hier aus
nach Paris in die Loge der Amis reunis
und der Philaleten, von da in die Depar-
tements und unter die Armeen, bis sie
nach einer vierjährigen Distillation in die
Köpfe der meisten Franzosen flog, und
dann eine vierzehnhundertjährige Monar-

„ Diöcesanschaften zu vertheilen, und fol=
„ gende Form der Geschäftsverwaltung wäh=
„ rend unserer ersten Epoche einzuführen.

1tens „ In jeder Provinz wählen die Ver=
„ bündeten unter sich einen Diöcesan, wel=
„ cher mit den übrigen korrespondirt, mit
„ ihnen gemeinschaftlich das Werbungsge=
„ schäft betreibt, und zu Bestreitung des
„ Porto und Haltung eines beeidigten Ama-
„ nuensis, die Hälfte des Kostenbeitrag=
„ thalers behält, der jährlich von allen Mit=
„ gliedern entrichtet wird.

2tens „ Jeder dieser Diöcesane schikt dann
„ alle zwei Monat einen Bericht an das Cen-
„ trum, wo das Archiv ist, von allem,
„ was in seiner Diöces für die Ausbreitung
„ der Union geschehen ist, nebst der Hälfte
„ der eingegangenen Kostenbeitragthaler.

sie zu einer wirklichen Republik der Frei=
heit und Gleichheit amalgamirte. Also
auch in dieser Hinsicht ist es erwiesen,
daß die französische Revolution in Deutsch=
land ihr Wochenbette gehalten hat.

3tens „Jeder Diöcesan schikt dabei zu-
„ vörderst, nach gehaltner Berathung mit
„ seiner Diöces, sein Votum ein, worinnen
„ bestimmt wird, ob das Centrum mit dem
„ Archiv, in Halle verbleiben, oder anders
„ wohin verlegt werden soll? Im lezten Fall
„ werde ich das Archiv alsobald abgeben, im
„ erstern aber erbitte ich mir, aus allen Diö-
„ cesanschaften eine von den Mitgliedern un-
„ terschriebene Urkunde, in welcher ich als
„ Archivar und Centralgeschäftsträger der
„ Union anerkannt und bestättiget werde.

4tens „Im Centro werden alsdann von
„ allen eingehenden Berichten für alle Diö-
„ cesane Abschriften gefertiget und versendet,
„ so daß alle zwey Monat jeder Diöcesan
„ von allen Vorgängen aller Diösesanschaften
„ Nachricht erhält. 3)

3) Scheint nicht in dieser vierfachen Anstalt
der Embrio des Sistems zu liegen, nach
welchem in Frankreich die Deputirten-Wahl,
der Nationalkonvent und der Wohlfahrts-
Ausschuß organisirt worden sind?

„ Wenn diese Vorschläge von den Ver=
„ bündeten gebilligt werden, und ich die Na=
„ men derer erfahre, welche das Diöcesanat
„ angenommen haben, so sende ich augen=
„ bliklich an alle Diöcesanschaften General=
„ listen von der ganzen Union, und theile
„ zugleich einen von vielen sehr gebilligten
„ geheimen Operationsplan 4) mit, damit
„ derselbe, noch vor der ersten Epoche, nach
„ und nach, durch gemeinschaftliche Bera=
„ thung aufs reine gebracht werden kann.

„ Und dazu noch ein andrer Vorschlag!
„ Die Union könnte nicht leichter allen zu be=
„ sorgenden Kabalen und Verunglimpfungen
„ entgehen, als wenn sie sich gerade vors
„ Publikum stellte, sich als deutsche Union
„ ankündigte, ihren Zwek deklarirte, und
„ einiger ihrer angesehensten Mitglieder öf=
„ fentlich nennte. Unter uns ist unser Arzt
„ Herr D. Weber erbötig, seinen Namen
„ druken zu lassen, sobald nur noch einige
„ sich dazu entschließen. Die Aussenseite,

4) Dieser Plan folgt unten unter Nro.
XIV.

„ die wir dem Publikum zeigen könnten, 5)
„ ist aus den beigeschloßenen Bogen zu erse=
„ hen, welche als Anhang zu bewußter
„ Schrift ausgegeben werden, und die Na=
„ men derer enthalten soll, welche mir die
„ Erlaubniß geben werden, sie zu nennen.
„ Ich bitte nun Sie, würdigste Brüder, auf
„ das dringendste, mich auf das schleunigste
„ über das alles zu instruiren, und, durch
„ einträchtige Maaßregeln, der Union und
„ mit ihr der Sache Gottes und der Mensch=

5) Da mag das Publikum abermal sehen,
wie es von den geheimen Cliquen der
aufklärenden Sansculotten bedient zu wer=
den pflegt; sie zeigen ihm eine A u f f e n=
s e i t e, die gewöhnlich Camöleon, Mas=
ke und Lüge, aber nie die w a h r e i n n =
r e S e i t e d e r g e h e i m e n Sache ist.
So werden denn die Maulthiere gezäumt
und geritten, ohne daß sich die Gescheid=
ten im Lande in die unbegreifliche Geduld
und Dänigkeit dieser Maulthiere finden
können. Aber sie wollen es ja so haben,
sonst würden sie den guten Rath und die
Warnungen der Gescheidten nicht mit Fü=
ßen treten. Uebrigens mag man diese

„ helt 6) Vestigkeit und Dauer zu geben.
„ Ich nenne mich ehrerbietigst

Ihren

Gegeben im November   treuverbündeten
1788.   Bartels 7)
     Königl. Preuß. Ober=
     amtmann in Halle
     an der Saale.

Aussenseite in der folgenden Numer be=
schauen; die innre Seite aber werden die
zwei Dokumente am Schluß dieser Schrift
eröffnen.

6) Dieß muß so verstanden werden, daß sich
Gott zu gewissen Zeiten Werkzeuge erwählt
wie Attila, welche über eine verkehrte,
thörichte, unsinnige Welt seine Strafge=
richte ausüben sollen; und in diesem Sin=
ne geben wir auch den deutschen Aufklärern
Recht, die in der französischen Revolution
die Sache Gottes und der Menschheit ge=
funden haben. Es mag da der gleiche
Fall sein, wie einst bei der Sündfluth,
und zu Sodom und Gomorha.

7) Daß ich diesen Namen, wie er im ge=
drukten Orginal gedrukt steht, hier gleich=
falls mit beidruken lasse, ist blos eine

„ N. S. Wenn die Verbündeten nach
„ Pränumeration oder Subskription auf die
„ Schrift über die Aufklärung an mich
„ einsenden wollen, so werde ich sie bis En=
„ de Dezembers mit Dank annehmen, und
„ die bestellten Exemplare auf demjenigen
„ Wege richtig versenden, der mir von jedem
„ angezeigt werden wird.

nothwendige Bedingniß der Authentizität,
denn ich will mich gar nicht damit bemen=
gen, in wieweit Hr. Bartels in der Fol=
ge sein Sekretariatsgeschäft glüklich oder
unglüklich, thätig oder unthätig gefördert
haben mag. Er hatte sich einmal vor den
Riß gestellt, und so muß er es sich gefal=
len lassen, wenn wir ihn auf demjenigen
Platze heimsuchen, den er sich selbst frei=
willig, und vermuthlich aus guten Grün=
den und bei reifer Ueberlegung erwählet
hat. Ob er noch immer auf diesem näm=
lichen Platze steht und stehen geblieben ist,
muß er wohl besser wissen als ich. Mein
Beruf ist es nicht, dies zu bestimmen.

X.

Anhang zur Schrift

Uiber Aufklärung und deren Beför-
derungsmittel.

(Gedrukt.)

„Es haben sich im Publikum bereits man-
„cherlei Gerüchte umhergeschlichen, von einer
„bereits gestifteten Gesellschaft, die deutsche
„Union genannt. 1)

1) Es ist im Grunde nicht wahr, daß schon
damals, als diese Missive öffentlich ausgestreut wurde, gar zu mancherlei Gerüchte
von der deutschen Union im Publikum
sich herum geschlichen hatten. Man wollte
vielmehr durch diese Missive erst Publizität
ins Publikum bringen, damit das Publikum und — die Regierungen eine Auf-
senseite zum beliebigen Amüsement erhalten möchten. Man vergleiche ja nur mit

„ Wir Endes Unterzeichnete, als Mit=
„ glieder und Geschäftsträger dieser Gesell=
„ schaft, haben nach gemeinsamer Betrach=
„ tung es für nöthig erachtet, die deutsche
„ Union hiermit als wirklich anzukündigen,
„ und das Publikum von unsern Absichten
„ selbst zu unterrichten, um so manchem, der
„ bald von der Bedenklichkeit geheimer Ge=
„ sellschaften, bald von geheimen Obern, bald
„ gar von geheimen Jesuitismus sprach, weil
„ ers so gehört, oder auch wohl nur ge=
„ träumt hatte, alles fernere Nachfor=
„ schen 2), Ahnden und Schwatzen zu er=

möglichster Aufmerksamkeit diese hier dem
Publikum hingestellte Aussenseite mit
den obigen geheimen Plänen, aber
ganz vorzüglich mit dem unten folgenden
allergeheimsten Operations=
plan, und man wird ohnschwer einsehen,
daß es lediglich darauf angelegt war, das
Publikum und die Regierungen fein säu=
berlich an der Nase herum zu führen.

2) Die Klugen begriffen schon aus diesem
einzigen Worte, daß die Central=Männer
das Publikum zu düpiren suchten. Das
Nachforschen, das böse Nachforschen

„ sparen, und allen, die mit uns von einem
„ Geiste sich belebt fühlen, den Weg zu un=
„ serer Verbindung bekannt zu machen.

war ihnen auf ihren geheimen Wegen so
lästig, darum mußten sie es sich so höflich
und so ernstlich verbieten. Es ist merkwür=
dig, daß gerade zu derselben Zeit die Il=
luminaten gerade die nämliche Sprache
führten. Knigge gab im Jahr 1788 in
seinem Buche über den Umgang mit Men=
schen (2 Th. 8. K.) folgende Lehre:

„ Ich rathe, sich so wenig als möglich
„ um die Sisteme, um das Personale,
„ und um die Schritte geheimer Ver=
„ bindungen zu bekümmern; vorsich=
„ tig im Reden über diesen Gegen=
„ stand zu sein, um sich Verdruß
„ zu ersparen — und weder ein gu=
„ tes, noch böses Urtheil (!!!)
„ über solche Sisteme zu wagen! “ —
Ich hoffe, das Publikum wird sich, nach
solchen Fingerzeigen, über die ihm zuge=
dachte, und ihm wirklich angehängte
Blindheit nun von selbst zurecht finden
können — und dann auch endlich einmal
erwachen, und mit offnen Au=
gen sehen!

„ Wir hören demnach zuförderſt auf, eine
„ geheime Geſellſchaft zu ſein, und ſtellen uns
„ und unſern Zwek vor dem Publikum auf 3).

„ Unſer Zwek iſt — Aufflärung und be=
„ ren möglichſte Verbreitung. Und die
„ Schrift über Aufflärung, die einige von
„ uns bearbeitet haben, zeigt zur Gnüge,
„ was wir darunter verſtehen.

„ Wir ſuchen nicht, alle nur mögliche
„ Kenntniſſe, welche unter aufgeklärten Na=
„ tionen ſich befinden, unter die Menſchheit
„ zu verbreiten: denn das würde unmöglich
„ und in vielerlei Betracht auch ſchädlich ſein.

„ Wir verſtehen unter Aufflärung nur,

3) Welchen Zwek? doch nicht jenen der vor=
herigen und noch folgenden geheimen
und allergeheimſten Pläne? —
Und es iſt die heilloſeſte Lüge, daß die
Union von da an aufgehört habe, eine
geheime Geſellſchaft zu ſein. Sie blieb
dies immerfort in ihrem innerſten Cen=
trum, und belog nur das Publikum durch
eine gekünſtelte und verfängliche Auſſen=
ſeite.

„ Gewöhnung des Menschen, in moralischen
„ und ökonomischen Wahrheiten, die uns so
„ fern sie mit seiner Glükseligkeit in einer noth=
„ wendigen Verbindung stehen, seine eigne
„ Vernunft zu brauchen, und nicht eher et=
„ was für ausgemacht zu halten, als bis
„ er deutliche Begriffe und vernunftmässige
„ Gründe dafür gefaßt, geprüft, und unwi=
„ derstehlich empfunden, und — sich in die=
„ sem vernünftigen Fürwahrhalten durch eine
„ bewährte Authorität befestiget hat 4).

4) Also Aufklärung, das grosse Gespenst des
Jahrhunderts, wurde als einziger Zwek
der öffentlichen Union affichirt! Und welche
Aufklärung? Die alten Sisteme und Au=
thoritäten sollen fallen, das Volk soll zum
Gebrauch seiner Vernunft gewöhnt
werden, es soll nichts für wahr halten,
als bis es deutliche Begriffe und vernunft=
mässige Gründe dafür gefaßt hat, es soll
keine andre Authorität erkennen, und
für bewährt halten, als seine Ver=
nunft! — Wer da nicht die völlige
französische Sansculotten = Aufklärung in
nuce wahrnimmt, den verlange ich mir we=
nigstens nicht zu meinem Leser. Er müßte
eine sechsfache Binde vor den Augen ha=
ben. — Was jezt im Texte weiter folgt,

„ Wir sind also weit entfernt, durch eine
„ erzielte Volksaufklärung alle Authorität zu
„ verdrängen, daß wir vielmehr gegenseitig
„ dafür besorgt sind, mit der Aufklärung das
„ Ansehen weiser Menschen überhaupt, und
„ (vorzüglich fürs Volk) das Ansehen der
„ heiligen Schrift ins besondere zu verein=
„ baren.

„ Also diese — so beschriebene Aufklä=
„ rung — nicht die des Fragmentisten, des
„ Horus u. dergl. — nicht die Bahrdtische,
„ die alles Ansehen der Bibel zu verdrängen
„ scheint, — ist der Zwek unserer Verbin=
„ dung 5).

ist eine so unverschämte Sophisterei, daß
man deutlich bemerkt, sie sei blos für Maul=
thiere hingeschrieben.

5) Allerdings. Die Union will nicht einmal
da stehen bleiben, wo diese stehen blieben.
Sie will nicht nur alle religiöse, sondern
auch alle politische und moralische Autho=
rität rertilgen, und keine andre anerken=

F

„ Und obgleich ein so edler Zwek von
„ jedem einzelnen denkenden Menschen in je=
„ der Lage befördert werden kann, so haben
„ wir dennoch versuchen wollen, alle weisen
„ und guten Männer der Nation, aus allen
„ Ständen, zu diesem Zwekke nach und nach
„ zu vereinigen, und eine gesellschaftliche Ver=
„ bindung unter ihnen zu errichten, 1tens weil
„ es eine Art von Glükseligkeit ist, alle sich
„ gleichgestimmte Seelen zu kennen, und mit
„ ihnen in einer gemeinschaftlichen Wirk=
„ samkeit zu stehen 6); weil es 2tens ins
„ besondere für Reisende erwünscht ist, an
„ allen Orten die Menschen herauszufinden,
„ welche mit uns eines Geistes und Sinnes
„ sind, und 3tens auch, im gesellschaftlichen
„ Leben zu Hause, es Freude ist, eine Elite
„ von Menschen zu haben, unter denen man
„ sein Herz ergießen und Kenntnisse gegen

nen, als die Authorität der eignen
individuellen Vernunft!

6) Und allen Andersdenkenden, welche an die
alten Authoritäten glauben, die Hände zu
binden, und den Mund zu verstopfen.

„ Kenntniſſe eintauſchen, und durch freie
„ Mittheilung anderer die ſeinigen bereichern
„ kann 7).

„ Was wir zu dieſem Zwekke für Mittel
„ erwählt haben, ließ, deucht uns, wäre
„ kaum noch eine Frage. Natürlich keine an=
„ dern, als ſolche, welche der Natur der
„ Sache angemeſſen ſind. Wir wollen gute
„ Bücher ſchreiben, welche wahre Aufklärung
„ befördern. Wir wollen gute Schriften die=
„ ſer Art empfehlen und verbreiten. Wir wol=
„ len aufgeklärte Menſchen aufſuchen, ſie be=

F 2

7) Da habt ihr ja die vollkommene Conju=
   ration beiſammen! Nun wißt ihr doch, wie
   es zugegangen iſt, daß Verläumdung, Lüge,
   Rachſucht, Verfolgungsbegierde gegen die
   Andersdenkenden ſich ſogar der Familien=
   und Freundſchafts = Cirkel bemächtigt, und
   alle geſelligen Vergnügungen durchaus ver=
   giftet hat! Da ſeht ihr den Geiſt und die
   Frucht der neuen Aufklärung, und wun=
   dert euch, daß Grauſamkeit und Wuth
   die herrſchende Empfindung der franzöſi=
   ſchen und deutſchen Menſchenbeglükker ge=
   worden iſt.

„ kannt machen, empfehlen, unterſtützen 8).
„ Wir wollen durch Umgang uns ſelbſt im=
„ mer mehr aufklären, und uns, durch wech=
„ ſelſeitige Mittheilung des höchſten Kleinodes
„ des Menſchen — der Wahrheit — zu be=
„ reichern ſtreben.

„ Daß wir dabei, wenn wir vielleicht
„ einſt für unſere Schriften einen eignen Ver=
„ trieb ſtiften, und einen Theil des Gewinns
„ zur Errichtung einer gemeinſchaftlichen Kaſſe
„ anwenden, und damit auf Verſorgung ver=
„ dienſtvoller Männer im Alter oder Unglük,
„ auf Erziehung ihrer hinterlaſſenen Kinder,
„ auf Verpflegung ihrer Wittwen, und ähn=
„ liche Nebenzwekke arbeiten werden, ſoll
„ ebenfalls dem Publikum nicht unverhohlen
„ ſein.

„ Wir haben alſo keine Geheimniſſe mehr.
„ Denn daß wir nicht auch die Liſte aller
„ Mitglieder, und unſere Korreſpondenz und

---

8) Verſteht ſich, immer im Geiſt der Conju=
   ration, damit alle Andersdenkenden ver=
   nichtet werden.

„ Rechnungssachen noch abbrukken lassen, wird
„ uns ja wohl in keines Vernünftigen Augen
„ zu einer bedenklichen Geheimgesellschaft
„ machen, da ja jede Gesellschaft , jede In=
„ nung , jede Handlungssocietät ꝛc. derglei=
„ chen Dinge für sich behält, ohne deswegen
„ für bedenklich ausgeschrien zu werden 9).

„ Und sollte einer oder der andere, in
„ dessen Geiste wir nicht zu denken und zu
„ handeln gemeint sind, als vorgebliches Mit=

9) Das war ein wenig dumm von den sonst
so sehr abgefeimten Central = Männern ,
denn sie sagen , oder insinuiren es doch
wenigstens deutlich genug, daß sie gewisse
Geheimnisse für sich behalten wollen, ob=
schon sie oben die Lüge voranschikken, sie
hätten nun keine Geheimnisse mehr. Die
Korrespondenz war ja wohl ein Haupt=
theil des innern Geheimnisses, und da
müßten sie doch wahrlich Abderiten gewe=
sen sein, wenn sie diese, ächt und ganz,
hätten wollen drukken lassen ; so wie sie
nur von Maulthieren erwarten konnten,
sie würden ihre gedrukte Korrespondenz,
welche es immer sei, für ächt und ganz,
halten wollen.

„ glied der hiemit öffentlich bekannt gemach=
„ ten deutschen Union andere Zwekke und
„ andre Mittel auf seine Hand verbreitet,
„ und Theilnehmer angeworben haben , so
„ erklären wir hiermit feierlich, daß solche
„ Werber und Angeworbene nicht zur deut=
„ schen Union gehören 10) und daß sonach
„ alle, die durch diese Erklärung an ihrer
„ bisherigen Verbindung mit uns zweifelhaft
„ werden, so wie alle, welche noch künftig
„ sich mit uns vereinigen wollen, an einen
„ der Endesbenannten sich wenden, und ein
„ Certificat von ihrer Aufnahme in die Ge-
„ sellschaft verlangen müssen. Jeder Freund
„ der freigewählten Wahrheit und Tugend,
„ der von Aberglauben, Fanatismus , Je=

10) Ganz recht! Zu dieser deutschen Union
nämlich nicht, welche hier nach ihrer Au s=
senseite dem Publikum bekannt ge=
macht wird, aber wohl zu jener gehei=
men des geheimen Centrums, die nun
hinter dem öffentlich ausgehängten Schilde
erst die allerfreiesten Hände zu Betreibung
ihrer geheimsten Zwekke bekam, weil das
Publikum jezt gar keine solche Zwekke
mehr vermuthen durfte.

„ suitismus ꝛc. in gleichem Grade entfernt
„ ist, wird uns willkommen sein. 11) Er
„ kann getrost an einen von uns ein Schrei=
„ ben erlassen, und uns über die speziellere
„ Einrichtung unserer Gesellschaft befragen,
„ und es wird jederzeit von ihm abhangen,
„ ob er, nach erhaltener näheren Beleh=
„ rung 12), sich mit uns verbinden will,
„ oder nicht. Die Addresse ist, an die deut=
„ sche Union, um welche noch ein Umschlag
„ gemacht wird, welcher mit der Addresse
„ eines der Endesbenannten überschrieben wer=
„ den muß. Wir wünschen aber, daß jeder,

11) Die Obskuranten haben also hiemit ihren
ewigen Abschied, und man sieht da immer
klärer, welche Gattung Menschen der
Weihe würdig befunden wurden! Die Her=
ren hatten sich aber doch verrechnet, denn
nebst den vielen Konsitenten der Sansü=
lotten = Tugend und der Sansculotten=
Wahrheit geriethen sie auch an Männer von
wirklicher Tugend und wirklicher Wahr=
heit, und diese sahen ihnen etwas zu tief
in die Karte.

12) Das war der Weg zur geheimen Auf=
nahme in das geheime Centrum.

„ zu Ersparung des Porto, sich an den wende,
„ der ihm geographisch der nächste ist. Gege-
„ ben im Dezember 1788. 13)

XI.

Erste Liste der deutschen Union.

(Gedrukt.)

Diese Liste wurde gleich anfänglich sowohl ganz, wie sie hier erscheint, als theilweise wie sie in der folgenden Numer erscheinen wird, an die aufzunehmenden Glieder herumgeschikt, um ihnen durch bekannte und zum Theil berühmte Namen Muth zu machen, und ihren Ehrgeiz, in einer solchen Gesellschaft mitzufiguriren, kräftig zu entflammen. Es zeigte

13 In meinem Exemplar sind keine Namen unterzeichnet ; aber wahrscheinlich waren es die nämlichen, welche schon mehrmalen angeführt worden sind.

sich aber in der Folge durch die vielen öffent=
lichen Protestationen, daß die wenigsten der
hier genannten Männer eigentlich Unionisten
waren oder sein wollten. Auffallend wird es
den Lesern sein, keine Namen aus den öster=
reichischen Staaten hier anzutreffen. Ich habe
aus gegründeten Ursachen die wenigen darinn
befindlichen, bis auf Wucherer weggelassen,
denn wahrscheinlich waren gerade diese Namen
falsch; hiebei muß auch bemerkt werden, daß
diese Listen die allerersten waren, in welche
man Alles hinein raffte, was nur Namen
hieß, um den Leichtgläubigen eine grosse Ar=
mee von angeblichen Mitgliedern vorlügen zu
können. Mein Name stand nirgend dabei.
— In der Folge zirkulirten schon noch andre
Listen, und zwar auch von den österreichischen
Staaten, die aber ziemlich geheim gehalten
wurden, und meines Wissens nie gedrukt wor=
den sind, weßwegen auch ich nicht der erste
sein werde, diese Listen drukken zu lassen,
denn wahrscheinlich befanden sich da ebenfalls
mehrere unterschobene Namen darinn.

Da jedoch die hier mitzutheilende Liste
im Jahr 1789 bei dem Buchhändler Gö=

ſchen zu Leipzig im öffentlichen Drukk er=
ſchien *) und, aller Verheimlichungskünſte un=
geachtet, ziemlich weit in Deutſchland bekannt
wurde, ſo wüßte ich keinen hinreichenden
Grund, der mich abhalten ſollte, dieſelbe
hier in eine neue Wiedererinnerung zu brin=
gen. Vielmehr will ich hieburch recht augen=
ſcheinlich und aktenmäſſig beweiſen, welcher
kühnen und abgefeimten Mittel ſich die Cen=
tral = Männer zu bedienen wußten, um ihrer
Clique Wichtigkeit zu geben, und durch eine
oſtentative Auſſenſeite die Männer der Nation
ſowohl, als das Servum pecus der neu=
gierigen Mitlauffer Angeſichts des ganzen
deutſchen Publikums aufs eklatanteſte zu betrü=
gen. Ich hoffe, die wahren Männer der Na=
tion, die hier eitel und mit Unrecht genannt
worden ſind, (und wer kann ſich des Lä=
chelns enthalten, wenn er z. B. einen v. Murr,
Hermes, Capparſon und dergleichen Män=
ner antrift) werden mir, ſo wie dem Buch=
händler Göſchen, dieſe Publizität ehe dan=

*) In der Schrift: Mehr Noten als Text,
 oder die deutſche Union, welche in Oeſter=
 reich faſt gar nicht bekannt geworden iſt.

ken, als verargen. Die mir es aber nicht danken wollten, werden ohnschwer begreifen, daß ihre Namen dann nicht eitel genannt sein müßten.

Altdorf, Akkermann, Prof. Med.

Aschersleben, Sangerhaußen, Rektor u. Predig.

Augspurg, v Schaden, Fürstl. Oettling. Geheim. Hofr. und Raths = Consulent.

Amsterdam, Scholl, Mag. und Gouv. der jungen Herren v. Werde.

Aachen, v. Dohm, Reg. Rath.

Bacharach, le Bachelle, Ref. Prediger.

Berlin, Bartoldi, Privatisirender Gelehrter. Herz, Hofr. u. D. Med. Theden, Gen. Chirur Ulrich, Prediger. Weissenborn. Reg. Referendar.

Blankenburg am Harze, Böhlten, Herzogl. Braunschweigischer Kommissär.

Bützow, Graumann, Prof. Med.

Boetzlaer ohnweit Cleve, Baron v Hertefeld.

Buchweiler in unterm Elsaß. Kern, Regier. und Konsist. Rath. Seybold, Rektor u. Prof. Schweighäußer, Professor.

Braunschweig, Knoch, Hofmeister am Carolinum.

Bielefeld, Märtens, Rektor.

Bennetenstein, Pauß, Königl. Preuß. Justizamtmann.

Burgsinn, ohnweit Würzburg, Volkhardt, Evang. Pred.

Bergen auf Rügen, v. Willich, D. Med.

Bilderweiteken in Lithauen, Crüger, Pfarrer.

Breslau, Lieberkühn, Rektor.

Cleve , Beuth, D. Med. Böhme, Geh. Sekr. bei der Altmärk. Regierung. v. Bernuth, Kriegs = und Domainen = Rath. Baumann, Ref. Pred. v. Grollmann, Geheim. Reg. Rath. v. Hymmen, Königl. Preuß. Geh. Reg. Rath. Hopp, Geh. Reg. Archivarius. v. Hoven, Königl. Kriegsrath. v. Lamers, Regierungs = Referendarius. v. Rosenthal, Oberempfänger der Werbe = Freiheitsgelder. v. Schlechtendohr, Geh. Reg. Rath.

Calbe an der Saale, Müller, Inspektor u. Oberprediger. Behrends, Rektor Tolberg. Kandidat.

Colberg, Barz, Pred. Lenz, Kandidat.

Copenhagen, Brünich, Prof. Med.

Caſſel, Capparſon, Rath und Prof.

Conſtanz am Bodenſee, Eberlin, Advokat.

Crefeld, ter Meer, Buchhändler.

Dürkheim an der Haard, v. Heiden, Hof=
kavalier, Heres, Rektor und Frühprediger.

Darpiz bei Paſſewalt in Vorpommern, Hop=
pe, Kandidat.

Dreßden, Habermann, D. Med. Meßner,
Ref. Pred.

Duderſtadt, Jagemann, D. Med. Profeſſor
und Stadtphyſikus.

Düben, Schmieder, D. Juris.

Dieterswind, bei Schweinfurth, Schröder,
Diak. Volkhardt, Hofmeiſter bei dem
Herrn Bar. v. Thüngen.

Detmold, Scherf, Med. Rath.

Danzig, Trendelenburg, Prof.

Eisleben, Büttner, Juſtizkommiſſär.

Eſens, in Oſtfriesland, Coners, Konſiſto=
rialrath.

Erlangen, Hufnagel, Prof. Theol. Meuſel,
Hofrath.

Erfurt, Planer, Prof. Met. Rumpel,
Prof. Med.

Emmerich ohnweit Cleve, v. Rickers, Bür=
germeiſt.

Frankenthal, Böhme, erster deutscher reformirter Pred.

Friedeberg, in der Neumark, Brown, Senator. Weissenborn, Auditeur.

Frankfurth am Mayn, Ehrmann, D. Med.

Fulda, Schlereth, Geh. Rath und Leibarzt.

Giebichenstein bei Halle, Barthels, Oberamtmann.

Giessen, Crome, Prof.

Göttingen, Fischer, Prof. Med.

Gotha, Grimm, Hofr. und Leibarzt. Von der Lüche, Herzogl. Goth. Kammerherr u. Prinzen-Hofmeister, Voigt, Prof.

Grüningen, Hesse, Kandidat.

Grosglogau in Schlesien, v. Leipziger, Lieutenant. Ritter, Hofrath.

Germenseel ohnweit Cleve, Herr v. Rodenberg.

Großbokenheim im Fürstenthum Leiningen-Dürkheim, Weiß, Ref. Pred.

Halle, v. Beurmann, Lieutenant beim Regiment von Leipziger. Behrmann, der Rechte Kandidat. Beim, der Rechte Besl. Forwerk, Kaufmann. Junker, D. Med. Keidel, Provisor auf der Waisenhausapotheke. Baron v Kospoth,

Rath, D. Phil. Schade, Universitäts-
zeichenmeister. Spazier, Privatisirender
Gelehrter. Voigtel, Lehrer am Lutheri-
schen Gymnasio. Voigtel, Kand. Med.
Wucherer, Kammerrath. Weber, D.
Med. Thormeier, Inspektor auf dem
Waisenhause.

Haber bei Lobositz, Borott, Prediger.

Helsta in der Grafschaft Mannsfeld, Beren-
des, Justitiarius.

Helmstädt, Crell, Bergrath.

Haag, Rüz, Luth. Pred. Fayel, Ad-
joient Greffier des Etats generaux.
Legveldt, Commis des Admirautes.
de Wedel Jahrsberg Envoyé du Roi
de Danemarck.

Halberstadt, Hildebrandt, Kandidat der
Theologie. Vieweg, Schullehrer.

Heilbronn, Hirsch, fürstl. Hohenlohscher
Geheim. Kirchenrath und Prediger.

Hirschberg in Schlesien, M. Letsch, Evang.
Pred. Schumann, Prorektor.

Heidelberg, v. la Roche, von Starkenfels.
Mieg, D. und Churp. Kirchenrath. May,
Prof.

Hussenitz Altstadt Strehlen, Moses, Prediger bei der böhmischen Gemeine.

Hoppenheim auf der Wiese bei Worms, Odenwald, Luth. Pred.

Hasloch, Rom, Reform. Prediger.

Hannover, Wichmann, Hofmedikus, **Freiherr von Knigge.**

Jena, Eichhorn, Hofr. und Prof. Loder, Hofr. Starke, Hofrath.

Ingolstadt, Loveling, Geh. Rath.

Joachimsthal bei Neustadt Ebers walde in der Mittelmark, Tieftrunk, Prediger und Rektor.

Königsberg in Preußen, Engewald, Kand. Theol. Mangelsdorf, Prof. Hippell, Geh. Rath und Oberburgerm. Olech, Feldp. Grube, Kriminalr. Jenisch, Kriminalr. Rist, Lehrer auf dem Waisenhause. Collius Lehrer ebend.

Kiel, Hirschfeld, Prof.

Karlsruh, D. Posselt.

Lodersleben, bei Querfurth, Crakow, Kursächsischer Jagdkomissar.

Leipzig, Pott, Privatisirender Gelehrter und andere.

Labian in Ostpreußen bei Königsberg, Dziobek, Kandidat Theol. Veidt, Kreis-Steuereinnehmer. Terpig, Oberrichter,

Naugardt, Pfarrer. Kubietzky, Acci-
seneinnehmer.

Lamßheim bei Frankenthal, Heber, Luth.
Pred.

Landshut in Schlesien, Kallmann, Stadt-
syndikus.

Lüneburg, Lentin, Physikus.

Lick, Paulini, Prorektor.

Langensalz, Sander, Kand. Wiegleb,
Apoth. Keller, Amtsphysikus.

Littauen bei Ragnit, Fidler, Kandidat Theol.
Westphal, Kandidat Theol.

Littauen bei Königsberg, Prelwitz, Pfarrer.

Mitau, Beseke, D. Juris. Elis. v. d.
Recke, gebohren von Wandern, Gräfin
von Medem. Tiling, Professor und Prediger. Werth, königl. pohln. Notarius.

Marburg, v. Eschstruth, Reg. Rath,
Braumann, Kommissionsrath und Bur-
germeister. Baldinger, Geh. Rath und
Leibarzt. Errleben, Professor Juris.
Floret, des hohen deutschen Ordens Rath.
Hille, Rath, Oberschultheiß, und Kri-
minalrichter. Krieger, jun. Buchhändler. Missomelius, Postmeister. Ro-
bert, Samtrevisionsgerichtsrath und Prof.

G

Juris. Schönhals, Syndikus der deut=
schen Ordens = Kommenthurey. Schuma=
cher, D. Med. Stadt=und Land=Physi=
kus. V. Selchow, Geh. Rath, und
Kanzler. V. Selchow, Lieutenant.
Schleicher, Hauptmann, und ordentl.
Lehrer der Kriegswissenschaften.

Minden, v. Breitenbauch, Geh. Rath und
Kammerpräsident. v. Deutecom, Kriegs=
und Domainen=Rath.

Meinertshagen, in der Grafschaft Mark, M.
Bährens.

Mainz, v. Haupt, Hofrath. Soemmer=
ring, Hofr. und Prof. Med.

Magdeburg, Hermes, Kand. Röttger,
Probst.

Mühlhaußen in Thüringen, Lutteroth, kö=
nigl. preuß. Kriegsrath, und Resident.

Merseburg, Schneider, Renthsekretair.

Manheim, de Troye, Advokat der Chur=
pfäl. höchsten Gerichte.

Naumburg, Haskerl, Generalaccis=Inspek=
tor. Weiz, D. Med. und Physikus
des Amts Eckartsberg und der Stadt Frei=
burg.

Nürnberg, v. Muer.

Osnabrük, Kleuker, Rektor auf dem Gymnasio.

Oels in Schlesien, Dominici, Probst zu St. Georgi und Rektor des dasigen Gymnasii. Günther, Korekt. am Herzogl. Seminarium.

Ottenhagen, Brunov, Pfarrer.

Potsdam, Bamberger, Hofprediger. Winkler, Lehrer am königl. Militär-Waisenhause.

Pfedderstheim bei Worms, Bötticher, Luther. Pfarrer.

Petersburg, Weickardt, D. Med.

Papiaw, Hinz, Kreis-Justizrath.

Pilsit, Lemeke, Subrektor.

Quedlinburg, Hermes, Pastor.

Rühstedt bei Wilsnak in der Priegnitz, Albrecht, v. Jagowscher, Justitiarius.

Rinteln, Haßenkamp, Profeßor.

Ragnit, Krüger, Pfarrer.

Sprottau, Buquoi.

Seehausen in der Altmark, Güssefeld, Kämmerer. Klaeden, Lehrer an der lateinischen Schule.

Schweden, M. Heurlin.

Schwäbischhall, Leutwein, Prof. und Konrektor.

Schönebeck, Vollbedieng.

Stargart bei Plathe in Hinterpommern, Graf von Bork, der jüngere. Wichmann, Prof.

Stuttgard, Haug, Prof.

Stralsund, Haken, D. Med.

Steinhöfel bei Angermünde in der Ukermark, Krüger, Prediger.

Stettin, v. Scholten, General.

Strehlen in Schlesien, Stiller, Rathssenior und Postmeister.

Stolpe, Tiede, Lehrer beim Kadettenkorps.

Sprindlaken bei Papiaw, Schefner, Kriegsrath.

Strasburg, Pichler, D. Med.

Treptow, an der Rega, Curtius, Rektor der Städtschule. Krautwedel, Konrektor.

Tanne im Fürstenthum Blankenburg am Harz, Fessel, Pred.

Warschau, Parandier, Secretaire du Comte Potocki, Marechal de Lithuanie.

Weimar, Buchholz, Bergrath. Bertuch, Kabinetssekr. und Archivar.

Wien, Wucherer, Groß-und Buchhändler u. s. w.

Worms, Endemann, Evang. Ref. Pred. Hebberling, Kammeraccessist.

Wandsbeck, Milow, Pastor.

Weissig ohnweit Crossen, Perschke, Sachsengoth. Rath und Pred.

Weferlingen, im Halberstädt. Schirmer, Kandidat.

Würzburg, Siebold, Prof. Med.

Wittingau, Wodizka, der Rechte Kandidat.

Wezlar, Wendelstadt, Hofr. u. Kammermed.

Wehelow, Scheller, Pfarrer.

Zürich, Meister, Prof. Rahn, Prof. u. Canonicus.

Ziebingen, bei Frankfurt an der Oder, Schüz, Kandid.

Zerbst, Sintenis, Konsistorial = und Kirchenrath.

XII.

Zweite Liste der deutschen Union.

Erste Mitglieder der deutschen Union, deren Anzahl sich auf viertehalbhundert beläuft.

Akkermann, Prof. Med. in Altdorf.

Bertuch, Legationsrath und Kabinetsfekr. in Weimar.

Böhme, erster deutsch reform. Pred. in Frankenthal.

Blumenbach, Pred. in Göttingen.

Busch, Dokt. und Prof. Med. in Marburg.

Baldinger, geh. Rath, und Leibarzt in Marburg.

Barthels, Oberamtm. in Giebichenstein bei Halle.

v. Breitenbauch, königl. preuß. geh. R. u. Kammerpräsident in Minden.

Brünnich, Prof. zu Koppenhagen.

Casparson, Rath u. Prof. in Kaßel.

Crome, Prof. in Gießen.

v. Deutekom, königl. preuß. Kriegs-u. Domainen-Rath in Minden.

v. Dohm, geh. Rath in Aachen.

Erhardt, Dokt. u. Prof. Juris in Leipzig.

Eichhorn, Hofr. u. Prof. in Jena.

Fischer, Prof. Med. in Göttingen.

Floret, des hohen deutschen Ordens Rath, in Marburg.

Graumann, Prof. Med. in Lüzzuw.

v. Haupt, kaiserl. u. königl. wirkl. Rath zu Mainz.

Hirschfeld, Prof. in Kiel.

Hufnagel, Prof. Theol. in Erlangen.

Hezel, geh. Reg. Rath u. Prof. in Gießen.

v. Hymmen, königl. preuß. geh. Reg. Rath in Cleve.

Freiherr v. Hertenfeld, Herr zu Bötzelaer bei Cleve.

Kästner, Hofr. u. Prof. in Göttingen.

Freiherr v. Knigge, in Hannover.

Von der Lühr, herzogl. goth. Kammerherr, und Prinzen Hofmeister zu Gotha.

Mangelsdorf, Prof. in Königsberg.

Pott, Prof. in Helmstädt.

Freiherr v. la Roche, v. Starkenfels in
Heidelberg.

Rath, Dokt. Phil. in Halle.

Schönhals, Hof= u. Reg. Rath und Syndikus der Balley Heßen in Marburg.

v. Schaden, fürstl. Oetting. geh. Hofrath,
und Raths=Consul zu Augspurg.

v. Selchow, fürstl. heß. geh. Rath und
Kanzler der Universität Marburg.

Freiherr v Spaen, Depute de Gueldre
aux Etats gen. à la Haye.

v· Schlechtendohr, geh. Reg. Rath in Cleve.

v Schalten, General in Stettin.

Eintenis, Konsist. u. Kirchenrath in Zerbst.

Schlereth, geh. Rath und Leibarzt in Fulda.

Starke, Hofrath zu Jena.

Tiling, Prof. u. Pred. in Mietau.

Trendelenburg, Prof. in Danzig.

Westermann, Konsist. Rath und Superin-
tendent des Fürstenthum Minden in Pe-
tershagen.

Comte de Wedel, Carnberg, Envoye
du Roi de Danemarck à la Haye.

Weickardt, Dokt. Med. in Petersburg.

v. Schenk, zu Schreinsberg, Reg. Assessor
zu Marburg.

Hier haben also meine Leser ein vorläufiges, aber immer noch nicht vollendetes aktenmässiges Detail von der Verfassung, den Absichten und Fortschritten der deutschen Union. Es ist nun in der Reihe, ihnen zu beweisen, in wie weit Sie mit dem Illuminaten-Orden zusammen hängt, in wie weit beide nach den nämlichen Zwekken wirken, und ob ich oben mit Wahrheit sagen konnte, die Union sei eigentlich die Antichambre und das grosse Arsenal des Illuminaten-Ordens.

Bekanntlich war der berüchtigte D. Bahrdt einer der ersten Verbreiter, Dirigenten und Gemeinwerber der Union; aber er war nicht ihr eigentlicher Stifter, wie so häufig und irrig geglaubt worden ist. Es wird weiter unten aus Originalbriefen erzählt werden, daß die beiden Chefs der Illuminaten, Knigge und Weishaupt, schon im Jahr 1783 miteinander in Zwietracht geriethen, und daß Knigge drohte, und auch Wort hielt, für sich eine eigne neue Gesellschaft zu errichten. Hiernächst weiß man, daß diese Chefs mit ihrem ganzen Orden eine grosse Verlegenheit erfuhren, als im Jahr 1785 die bekannte

Inquisition in Baiern wider sie ausbrach, und in den Jahren 1786 und 1787 ihre Originalschriften im öffentlichen Druk an ganz Deutschland publiziret wurden; denn nun nahmen sich doch mehrere Regierungen die Mühe, auf dieses sonderbare Institut ein wenig aufmerksam zu werden. Also mußten sie von da an allenthalben zu lügen und zu affektiren suchen, ihr Orden sei von da an quasi erloschen; wenigstens mußten sie in Absicht neuer Aufnahmen, und des Oberdirektoriums über die deutsche Freimaurerei, die ihnen von Berlin aus damals gleichfalls schon eine förmliche Achtserklärung zugefertiget hatte, zu supersediren anfangen, und sich überhaupt in den Mantel eines leisen, schleichenden Incognito zu verhüllen suchen.

Aber das konnte zu ihren Zwekken ohnmöglich dienlich sein; vielmehr wurden sie aufs empfindlichste darinn gehindert, denn eben damals fieng das Projekt der grossen Weltreformation an, in ihren Schulen reif, und im vollsten Ernst zum Ausbruch befördert zu werden. Sie hatten sich schon damals eines grossen Theils der französischen und deutschen Freimaurerei bemächtigt, aber ganz konnten sie doch nicht Meister davon werden, und doch brauchten sie noch viele und viel unternehmende Gehilfen zu ihren Plänen.

Zwei Dinge mußten sie nun thun, Einmal sich und ihre Parthei auf alle denkbare Weise verstärken; und dann Alles, was immer nur Gegenparthei heissen konnte, durch List und Gewalt auf allen Seiten zersprengen. Das Lezte thaten und bewirkten sie dadurch, daß sie von dieser Zeit an in allen Städten Deutschlands ein allgemeines Mordgeschrei gegen Jesuitismus, Katholizismus, Mistizismus, Rosenkreuzerei, und alle geheime Gesellschaften (nur von den Illuminaten sagten sie kein Wort) erhoben, sie alle miteinander verläsierten, verhöhnten, beschimpften, und hieburch jede etwaige Vereinigung dieser Partheien verhinderten, und fast unmöglich machten. Das wilde Gezänk der Berliner Sinagoge mit dem D. Stark, mit Lavater, mit Garve, mit dem Jesuiten Seiler, und ihr ganzes sinnloses Geträtsche gegen Jesuitismus und Katholizismus war die große

Treibjagd zur Zerſtöhrung aller antiilluminati-
ſchen Korporationen. *) Und ſo wie es dieß
war, ſo gewannen ſie zugleich Luſt, unter

*) Wie höchſt ernſthaft man jedoch dies Ge-
    trätſch in Berlin hielt, beweiſt ein groſſes
    öffentliches Aktenſtük, das preußiſche Re-
    ligions-Edikt, in welchem im 4ten §. fol-
    gende verordnenden Worte vorkommen:
    „ Da man das Proſelitenmachen der rö-
    „ miſch-katholiſchen Geiſtlichkeit von jeher
    „ Schuld gegeben hat (auch bewieſen??)
    „ und anjezt von neuem verlauten will,
    „ daß verkleidete katholiſche Prieſter, Mön-
    „ che, und — verkappte Jeſui-
    „ ten (!!!) in den proteſtantiſchen Län-
    „ dern heimlich umher ſchlei-
    „ chen, die ſogenannten Ketzer zu be-
    „ kehren. Wir aber dergleichen in un-
    „ ſerm Reiche durchaus nicht geſtatten
    „ wollen; als verbieten wir alles Ern-
    „ ſtes dieſes Proſelitenmachen nicht nur
    „ ganz beſonders der katholiſchen Geiſtlich-
    „ keit in Unſern geſammten Staaten, ſon-
    „ dern befehlen auch Unſern Oberkonſiſtoriis
    „ genau Achtung zu geben, um ſolche
    „ Emiſſarien zu entdekken, und hievon
    „ dem geiſtlichen Departement zur weitern
    „ Verfügung Nachricht zu geben." —

dem Deckmantel dieses mehrjährigen Gezänks
ihre geheimen Manövres zu verbergen, sich
zu verstärken, neue Proseliten zu werben,
und die ungeheuern grossen Plane des ge=
heimsten Illuminatismus zu betreiben, wäh=
rend sie das betäubte Publikum und alle Re=
gierungen in Europa zu bereden wußten, es
gäbe durchaus keinen Illuminaten = Orden
mehr, und das ganze Gebäude desselben sei
a dato der Fermentation in Baiern in lauter
Trümmer zerfallen.

Um sich aber desto sichrer verbergen, und
eben desto sichrer verstärken zu können, er=
künstelten sie einen neuen geheimen Orden,
versuchten zuerst, ob er Zulauf finten werde,
stellten unternehmende Kolporteurs und Pro=
pagandisten wie Bahrdt und Wucherer zu
Direktoren an, machten die günstigsten Ver=
sprechungen, lokten die Bahrdtischen Sans=
culotten durch Geld — und als sie bemerk=
ten, die Sache komme in Gang, so promul=
girten sie ihre Sozietät öffentlich im Publi=
kum; sie sagten, ihre Sozietät sei kein ge=
heimer Orden, sondern eine öffentliche Ge=
sellschaft, woran Jedermann Theil nehmen

könne; sie hiengen das Schild der Aufklä=
rung zur allgemeinen Losung aus; sie lern=
ten hiedurch alles kennen, was aufgeklärt zu
heissen wünschte, und erhielten auf diesem
Wege die beste Gelegenheit, aus dem grossen
Haufen der zuströmmenden Proseliten die Leu=
te, welche sie brauchten, auswählen zu
können — und dies nannten sie die Schaafe
von den Böcken sondern, und dies gab die
Grundlage zu ihrem neuen geheimen Centrum.

Daß die deutsche Union auf diese und
keine andre Art entstanden ist, daß die Illu=
minaten sie gestiftet haben, daß sie durch die
Illuminaten regiert, propagirt, und organi=
sirt wurde, und daß sie überhaupt schon viel
früher projektirt, und zum Theil gegründet
wurde, ehe man das Mindeste davon im
Publikum erfuhr, nämlich gerade damals,
als die Illuminaten in aller ihrer Glorie den
Riesenentwurf einer allgemeinen Revolution
zu machen anfiengen, und alle unternehmende
Köpfe in ihre Verschwörung zu treiben such=
ten, — das erzählt uns der Oberpräsident
derselben, Bahrdt, selbst; und zwar mit
einer Unbefangenheit und Offenherzigkeit, die

an einem Bahrdt verdächtig sein müßte,
wenn nicht alle Zeit = und Lokalumstände es
evident machten, daß er hierinn, wie selten
in seinem Leben, die allerlauterste Wahrheit
erzählt, aber auch höchst wahrscheinlich nur
darum erzählt hat, weil er selbst nicht wußte,
daß er der Narr und der dürre Stab in den
Händen der Illuminaten gewesen war, und
weil er seine Geschichte, aus Hunger und Ar=
muth, im Gefängniß geschrieben hatte, die
dann schnell ins Publikum kam, ohne daß
die Illuminaten seine gar zu grosse Offen=
herzigkeit gehörig hätten korrigiren können;
denn in diesem Falle wüßten wir von der
eigentlichen Geschichte der Union, und von
ihrer Abstammung aus dem Illuminatismus,
wenig oder nichts, und am wenigsten etwas
Authentisches.

Man höre dann Bahrdts Erzählung
in der Geschichte seines Gefängnisses *),

*) Berlin und Wien 1790, bei Friedrich
Vieweg dem ältern, und Joseph Stahel.—
Die Illuminaten und Unionisten wußten
es zu vermitteln, daß diese Geschichte
frühe aus den Buchläden verschwand; hie

und mache seine eignen Betrachtungen darüber!

„ Im Jahr 1784, sagt Bahrdt,
„ (und also ziemlich früh) erhielt ich einen
„ anonimischen Brief, welchem der geheime
„ Plan der deutschen Union beigeschlossen
„ war. Die Rubrik war aber damals nicht
„ dieselbe, sondern so viel ich mich jezt er-
„ innere, lautete sie so: Plan zu einer en-
„ geren Verbindung ächter Maurer *);
„ und der Brief war unterschrieben: einige

und da wurde sie sogar inter libros pro-
hibitos gesezt, und in Oesterreich ist sie
eine wahre Seltenheit geworden!!!

*) Es ist nun bereits allenthalben bekannt,
daß die Illuminaten sich anfänglich unter
die Maske der orthodoxen Maurer stekten,
und daß sie die Miene annahmen, die
Maurerei auf den Gipfel ihrer verlohrnen
Vollkommenheit reformiren zu wollen; und
schon aus diesen Formalien: engere
Verbindung ächter Maurer, wird es offenbar, daß hier die Illuminaten eigentlich
im Hinterhalt lagen, und den Plan zugeschikt hatten.

„ Sie sehr verehrende und verbündete
„ Maurer. In diesem Briefe wurde ich
„ gebeten, den übersandten Plan zu prüfen.
„ Ich that es, theilte meine Gedanken mit,
„ u. f w. Auf diesen Brief erhielt ich keine
„ Antwort, und ich glaubte daher, daß
„ man das Vorhaben aufgegeben, oder es
„ ohne mich zu betreiben beschlossen ha=
„ be. "

„ Im Sommer des Jahrs 1785 über=
„ raschte mich eines Morgens in aller Frühe,
„ auf meinem Gartenhause, ein Unbekann=
„ ter, der, unangemeldet, in mein Wohn=
„ zimmer eintrat, welches mir auffallend
„ war, indem er sich von der Keckheit eines
„ Bettlers oder der ungesitteten Dreistigkeit
„ eines Geniemännchens und — dem schlich=
„ ternen Air eines deutschen Gelehrten gleich
„ weit entfernte. Es waren in seinem äusser=
„ lichen die Merkmale der Achtung gegen
„ mich, und des edelsten Selbstgefühls seines
„ eignen Werths so glüklich gemischt, daß
„ ich mich der Ahndung nicht erwehren konn=

H

„ te, einen Engländer vor mir zu sehen *).
„ Er bat mich um Erlaubniß, sich als ein
„ Unbekannter mit mir zu unterhalten, und
„ nöthigte mir zugleich, auf eine unwider=
„ stehlich bezaubernde Art (der leibhafte
„ Knigge!) das Versprechen ab, keine nä=
„ here Kenntniß seines Individuums zu for=

*) Es konnte ja wohl auch ein Quasi - Eng=
länder, der sich in alle Formen zu gießen
wußte, gewesen sein, — etwa gar Knig=
ge? — Die Schrift: Endliches Schik=
sal des Freimaurer = Ordens, giebt hier=
über helles Licht. Es heißt darinn von
diesem Proselitenmacher? „Viele von uns
„wissen es selbst, wie er im Costüme eines
„Propheten, im anspruchlosesten Anzug
„von Stadt zu Stadt, von Loge zu Loge,
„ja von einem Freimaurer zum andern
„wanderte, und die neue Weisheit, als
„das Ende alles Wissens und Forschens
„mit der ihm eignen Suade empfahl.“ Und
in der That, es war Niemand andrer als
Knigge, nur hielt er sich im Incognito,
um doch einst mit einiger Sicherheit Deutsch=
land ins Gesicht lügen zu können, er,
Knigge in eigner Person, sei kein Bun=
desverwandter von Bahrdt gewe=
sen, und Bahrdt habe ihn nie gesehen! —
Weiter unten das Mehrere!

„ dern, bis er selbst für gut finden würde,
„ sie mir zu ertheilen "— — (Der so entsetz=
lich sehr aufgeklärte Bruder Bahrdt war hier
doch wahrlich ein sehr grosses Maulthier, —
daß er einem Unbekannten so blind in den
Gehorsam lief! Aber die Suade des Bru=
der Knigge!)

„ Er klagte mir, daß es um mehrere
„ deutsche Logen traurig stände, so viel er
„ auf seiner bisherigen Reise hätte wahrneh=
„ men können, und daß er ächte maureri=
„ sche Kenntnisse " (heißt: Inklination zu
Kenntnissen des Illuminatismus) „ und
„ Grundsätze nur bei einzelnen Brüdern an=
„ getroffen habe. Hierauf befragte er mich
„ um meine Gesinnungen, und schien über
„ das, was ich ihm zugleich von meinen
„ historischen Kenntnissen mittheilte, sehr
„ zufrieden zu seyn. " (Natürlich wohl,
denn ein illuminirter Nequam fand da den
andern.) „ Und da es schien, daß wir in
„ allem Betracht mit einander eins waren,
„ so ermunterte er mich, selbst eine Lo=
„ ge zu errichten, und gab mir die Ver=

H 2

„ ſicherung, daß, ſo bald ich ihm melden
„ würde, daß ich eine Anzahl würdiger (!!!)
„ Menſchen " (wie Bahrdt und Knigge)
„ zu dieſem Zwekke geſammelt hätte, er mir
„ aus England eine Konſtitution ſchikken,
„ und die Verbindung meiner Loge mit der
„ engliſchen bewirken würde " *).

*) Abermal der leibhafte Knigge! Gerade
wie er hier ſpricht, ſchreibt er in einem
Briefe an den Illuminaten Cato (Zwak).
(Siehe Originalſchriften der Illuminaten,
1 Th. S. 353—359) und bietet ihm die
Conſtitution aus England an. Er ſagt:
„Wenn ſie von London aus eine Provin=
„zial = Konſtitution haben wollen, ſo wird
„das weder ſchwer halten, noch viel ko=
„ſten. —— Wollen Sie aber einen Auf=
„ſatz an die groſſe National=Loge in fran=
„zöſiſcher, oder beſſer in engliſcher Sprache
„machen, und um ein Provinzial= Diplom
„für einen, Niemand eingeräumten Diſtrikt
„bitten, und mir ſodann ſchikken, ſo will
„ich ſorgen, und dafür einſtehen, daß
„6. 14. 6. 8. ?. (Gogel) und Ari-
„ſtippus ihn kräftig unterſtützen ſollen. Das
„Paket kann ich dann auch mit dem han=
„növeriſchen Quartals = Kourier (!!!),
„der auch meine Briefe mit

„ Ich konnte mich nicht recht zu diesem
„ Schritt entschliessen, machte ihm aber doch
„ Hoffnung, und ward von neuem dazu an=
„ gereizt, da er mir einige vortrefliche Män=
„ ner nannte, die ihm ein gleiches verspro=
„ chen hätten. " (Es wär leicht, mehrere
solcher Männer, sowohl lebende als verstor=
bene, zu nennen, welche sich gerade um diese
Zeit, durch Stiftungen neuer Logen merk=
würdig gemacht haben.) „ Endlich gerieth
„ ich auf den Gedanken, ihn den, im vori=
„ gen Jahre erhaltenen Plan, sehen zu lassen.
„ Bei dem ersten Anblik erkannte er ihn
„ selbst. " (ganz natürlich, da er ihn selbst
bearbeitet hatte) „ und nannte mir zwei
„ Orte, wo er ihn gesehen und gelesen haben
„ wollte. Der Plan ist vortreflich, sagte
„ er, und kann einst dazu dienen, die
„ ganze alte Freimaurerei zu zer=
„ stöhren, und aus ihren Trümmern

„dahin nimmt, abschikken. " —
Gut genug, daß regierende Herren und
Ministerien ihre Kouriere zur pünktlichen
Spedition illuminatischer Depeschen her=
leihen.

„ ein neues würdiges Ganze zu schaf-
„ fen " *).

Im Vorbeigehen mache ich hier nur die
Freimaurer über das eben Gesagte aufmerksam , ohne den übrigen Theil der Erzählung
zu unterbrechen. Bahrdt fährt fort:

„ Ich suchte alsobald einige meiner be-
„ sten Freunde auf, die bereits im vorigen
„ Jahre jenen geheimen Plan bei mir gele-
„ sen, und denselben ihres völligsten Bei-
„ falls werth gehalten hatten. — —
„ Meine Beredsamkeit brachte sie in kurzem
„ so weit, daß sie mir ihre Theilnahme ver-
„ sprachen. — — — Es schien uns rath-
„ sam , uns unter den hiesigen jungen Stu-
„ direnden einige der besten Köpfe und
„ Karaktere auszuwählen , und in unsre

*) Man wird unten in Knigges Briefen
   diese nämlichen, und noch mehrere dergleichen Ausdrücke finden. Aber den aller-
   vollkommensten Aufschluß über dies Alles
   findet man unten in der Urkunde. Nro.
   XV.

„ Verbindung zu ziehen, weil dieses Hoff=
„ nung gab, daß durch den jährlichen Abgang
„ solcher jungen Brüder die edlen Grundsätze
„ der ächten Maurerei desto leichter sich in
„ Deutschland nach und nach verbrei=
„ ten würden. — — Mir selbst war die
„ Gelegenheit am häuffigsten, theils wegen
„ meines grossen Applausus, und daher ent=
„ springenden öftern Besuchen meiner mir
„ ergebensten Zuhörer *) ; theils, weil
„ selbst unzählige junge Leute mich, so wie
„ in mehreren Dingen, also auch vornehm=
„ lich alsdenn zu ihrem Gewissensrathe ge=
„ wählet hatten, wenn ihnen irgend ein . .
„ . . (Freimaurer) zum Eintritt in den Or=
„ den gerathen hatte. — — — Und dies
„ war denn für mich der natürliche Weg,
„ auf welchem ich sie weiter führen, und
„ sie auf die anhebende Existenz einer bes=
„ sern Art von Maurerei aufmerksam ma=

*) Man bemerke da den Einfluß, welchen
sich ein öffentlicher Professor, im Guten
wie im Bösen, auf die Gemüther junger
Leute verschaffen kann, und würdige die=
sen Einfluß doch endlich einmal einiger
Wachsamkeit !

„ chen konnte. Auf diese Art hatte ich ausser
„ *, bis 6 meiner ältern Freunde, welche
„ sämmtlich in Aemtern standen, ohnge=
„ fähr sechzehn junge Leute an mich gezo=
„ gen, welche mir mit Leib und Seele er=
„ geben zu seyn schienen. " — — —

„ Im Jahr 1787 erhielt ich von eben
„ der Hand, welche mir den obgedachten
„ geheimen Plan überschift hatte, die er=
„ freuliche Nachricht von der Stiftung einer
„ Gesellschaft, welche sich nun den Namen
„ einer deutschen Union gab, und zugleich
„ eine dringende Aufforderung, ihr beyzutre=
„ ten. Zugleich war ein Paket von der
„ Nachricht an die Freunde der Wahr=
„ heit und Tugend, (S. oben Nro I.)
„ desgleichen ein starkes Paket gedrukte
„ Plane und Eidesformeln (Nro. II. und
„ III. beigeschlossen. Und endlich lag auch
„ noch eine kurze Skizze eines sogenannten
„ geheimsten Plans (er folgt unten Nro.
„ XIII.) der Union bei, welche nur für die
„ Häupter bestimmt, und als Vorschlags=
„ Objekt ihnen übergeben ward. — —
„ Die Addresse, unter welcher ich die Rük=

„ antwort beforgen follte, war anders als
„ die erfte. Die Unterfchrift war XXII
„ verbündete Maurer. Der Innhalt be=
„ zeichnete mir Männer von entfchiednem
„ Werth, und enthielt die Verficherung, daß
„ ich binnen Jahr und Tag mit ihnen in
„ perfönliche Bekanntfchaft treten follte. "

„ Ich errichtete mir jezt ein kleines Com=
„ toir, nahm einen Sekretär zur Führung
„ der Korrefpondenz an, kurz, ich betrach=
„ tete mich als einen Mitftifter der Union.
„ — — Ob ich nun gleich noch nicht
„ wußte ob und wo es mehrere Wir=
„ kungskreife der Union gab, fo kümmerte
„ mich das doch gar nicht. — — Bald
„ fand ich aber auch Spuren von mehreren
„ Händen, welche mit mir im Stillen den
„ Saamen des Guten ausftreueten, denn ich
„ ward fchon in der Oftermeffe gewahr, daß
„ Männer von unverkennbaren Merkmalen
„ des Standes, des Karakters und der Ein=
„ fichten, auf Kaffechäufern mich erft beob=
„ achteten, dann anfprachen, und endlich von
„ weitem blos neugierig fcheinende Fragen an
„ mich thaten, z. B. ob ich nicht auch da=

„ von gehört hätte, daß eine deutsche Uniou
„ exiſtire? Ob ich nicht ſelbſt Theil daran
„ nehmen würde? u. d. m. Ich beantwor=
„ tete alle ſolche Fragen mit Vorſicht, ſahe
„ aber deutlich, daß man meine Zurükhal=
„ tung bemerkte und billigte. Einer dieſer
„ Ausforſcher zog ſogar einmal einen Brief
„ hervor, da ich hartnäkkig zu läugnen ſchien,
„ und ließ mich die Firma der XXII mit der
„ Orginalhand ſehen, wie ſie, in den obenge=
„ dachten zwei Briefen an mich befindlich war.
„ Und da ich bei der Frage: Ob ich dieſe
„ Hand und Unterſchrift kenne, erröthete, ſo
„ umarmte er mich, und ſagte mir im Weg=
„ gehen traulich: wir können, lieber **Bahrdt**,
„ jezt noch keine Bekanntſchaft machen; aber
„ fahren ſie fort, mit Vorſicht zu wirken.
„ Sie haben viele und treue Freunde. ‟ *)

――― ――――

„ Das ganze Jahr 1788 hindurch war
„ die deutſche Union faſt mein einziges Ge=

―――

*) Die Leſer finden da ganz nach der Natur
die Methode dargeſtellt, wie die Illumina=
ten = Emiſſärs ihre lieben Minervalen anzu=
werben und zu gängeln pflegen.

„ ſchäft, und koſtete mir nicht nur ein er-
„ ſchrekliches Briefporto, (folglich wur-
„ be auch viel angeworben) ſondern es raub-
„ te mir auch alle meine Zeit. — — Es er-
„ ſchien damals auf meinem Weinberge ein
„ Fremder *) der ſich mir gleich mit der
„ Miene der Wichtigkeit ankündigte, und
„ Verlangen bezeugte, bei mir zu übernach-
„ ten, weil er, wenn die Geſellſchaft ſich zer-
„ ſtreut und uns allein gelaſſen haben würde,
„ mir Verſchiedenes zu hinterbringen hätte,
„ was mich intereſſiren würde. Dieſer Mann
„ eröffnete mir den Abend, da wir uns in
„ einem Zimmer unter vier Augen befanden,
„ daß er von den Stiftern der Union Auf-
„ trag habe, mein Archiv zu beſehen, von
„ meinen Fortſchritten ſich zu unterrichten,
„ mir einige begangene Unvorſichtigkeiten
„ nebſt gewiſſen Spionerien zu entdeken,
„ und mich dabei zu verſichern, daß ich in der
„ Michaelsmeſſe in den engern Zirkel "
(alſo war bis dahin ſogar der ſo thätige und
der ſo ſehr betraute Bahrdt immer nur noch
Maulthier der Antichambre, und iſt es aller

***

*) Schon wieder ein Emiſſär!

Wahrscheinlichkeit nach auch geblieben) „ der
„ Verbündeten eingeführt werden solle.
„ Er nennte sich Legationsrath S . . . . "
(hieß aber vielleicht eigentlich) Bode, Schulz,
Leuchsenring, Busch) o. o. gl.) „ verbat
„ sich dabei, ihn weiter über sein Perso=
„ nale zu befragen, legitimirte sich aber
„ zugleich durch Vorzeigung der Originalien,
„ die mir ehemals waren kommunizirt wor=
„ den, und durch die Hand, aus welcher
„ ich selbst meinen ersten Brief erhalten hatte,
„ so daß ich ihn wenigstens für einen ganz
„ unterrichteten und also unverdächtigen Theil=
„ haber der Sache halten mußte.

„ Bald nach der Abreise des Hrn. S . . .
„ erhielt ich — so viel ich aus der Zeit und
„ den Zeichen des Couverts urtheilen konnte,
„ mit der Berliner Post, ein Paket Schrif=
„ ten, welche gegen das königl. Religions=
„ Edikt gerichtet waren, mit dem Auftrage,
„ dieselben zum Druk zu befördern, welchen
„ die unterschriebenen **Freunde der Uni=**
„ **on** theils mit schmeichelhaften Lobsprüchen,
„ theils mit dem Versprechen, mir 100

„ Reichsthaler für meine Mühwaltung zu
„ übermachen, unterstützten. " — —

Bahrdt erzählt nun die weitern Vorgän=
ge in Absicht jener Schriften, und dann die
Geschichte seiner Gefangennehmung und seines
Arrests, was hier nicht mehr zur Sache ge=
hört. Wir wollen aber, ehe wir weiter ge=
hen, einige vorläufige Bemerkungen über die=
se Geschichte beibringen. Eine derselben ist,
daß sich der Hr. Minister von Wöllner sehr
verdient um Deutschland gemacht haben wür=
de, wenn er seinen ganzen Einfluß, die gan=
ze Authorität des Königs, und die ganze
Strenge der Gesetze in Bewegung gesezt hät=
te, um bei Gelegenheit des Bahrdtischen Pro=
zesses die innerste Tiefe der deutschen Union,
ihre Verfassung, ihre Fortschritte, ihre ge=
heimen Triebfedern und Stifter zu ergrün=
den, und eine dokumentirte Nachricht davon
zum Druk befördern zu lassen. Vieles wäre
dann gewiß gehindert worden, was seitdem
geschehen ist, wenn man gewußt hätte, wel=
che Quellen eigentlich zu verstopfen, und wel=
che Stämme an der Wurzel umzuhauen ge=
wesen wären. Der menschenfreundliche und

seines edlen Herzens wegen so sehr verehrungs=
würdige Minister von Wöllner schrieb damals
in einem Briefe an den verstorbenen Semler:
der arme Bahrdt jamre ihn recht sehr;
und der König sagte die merkwürdigen Wor=
te: solche unsinnige Gekke verdienen nur
mit Verachtung bestraft zu werden. Dies
mag seyn, aber hier kam minder die Person,
als die Sache, worüber Prozeß geführt wur=
de, in Betracht. Hier wäre der Grund zu
erforschen gewesen, was deutsche Union sei,
weil man schon einmal die Pasquille gegen das
Religions = Edikt gesetzlich rügte, und weil
man doch auch recht leicht wissen konnte, die=
se Pasquille wären Produkte dieser Union.

Mit Recht und Verdruß hat man sich
dann auch darüber wundern müssen, daß man
zu Berlin gerade damals, als der Pasquill =
Prozeß in Absicht des Religions = Edikts im
Gange war, alle Pasquillanten und Aufklä=
rer Berlins und der preußischen Länder alle
Infamitäten schreiben und druken ließ, die sie
nur immer schreiben wollten. *) Der selige

---

*) Bahrdt sagt es ja ausdrüklich, daß ihm
    die Schriften gegen das Religions = Edikt

Zimmermann wurde, was nun nach seinem
Tode gar kein Geheimniß mehr zu bleiben
braucht, von hohen Orten her ausdrüklich gebeten und aufgefordert, *) den Heerführer
Mirabeau nebst der ganzen Berliner und
preußischen Aufklärer = Bande nach Gebühr zu
züchtigen; und als er seinen Auftrag kaum
erfüllet hatte, ließ man den elenden Bahrdt,
in seinem Gefängnisse zu Magdeburg, ihn,
einen preußischen Professor und Inquisiten,
das berichtigte Libell: Mit dem Richter
von Zimmermann Deutsch gesprochen,
schreiben; ließ es in einer preußischen Stadt
drufen; ließ es überall in Preußen öffentlich
verkaufen (während es sogar in Oesterreich
verboten wurde, und ließ die preußischen Be-
amten und Unterthanen Nikolai, Biester,

mit der Berliner Post zugeschikt wurden, und es sind grosse Wahrscheinlichkeiten vorhanden, daß die meisten dieser
Schriften auch in Berlin geschrieben wurden.

*) Mehrere Briefe Zimmermanns, die ich
in Händen habe, beweisen dies mehr als
hinlänglich; sie nennen auch Namen.

Gedike, Schulz u. m. a. zu Berlin den Na=
men Zimmermann auf die allerzügellofefte
Art verläftern und befchimpfen.

Dies war in der That ein fonderbares
Benehmen, denn nicht nur disgufirte und be=
leidigte man hiedurch einen felbft aufgeforder=
ten, und einen fo muthvollen und wichtigen
Streiter für feine Sache, wie Zimmermann,
nicht nur fchrette man durch ein fo odiofes
Beifpiel jeden andern Streiter, der nun viel=
leicht auch Muth, mitzuftreiten, bekommen
hätte, völlig ab, fondern man gab nun den
verbrüderten Cliquen der Berliner, der Pas=
quillanten gegen die preußifchen Religions =
Anftalten, der deutfchen Union, der Illumi=
naten (denn diefe alle zufammen ftanden in
vereinigter Schlachtordnung da) gewonnenes
Spiel, und brachte es fo weit, daß die Re=
ligionsfpötterei, der Unglauben, die Revolu=
tionsfeuche, und die ganze fonftige nichtswür=
dige Aufklärerei in Berlin und den preußi=
fchen Ländern gerade fo herrfchend und all=
mächtig geblieben ift, wie fie es nur immer
ehedem gewefen war.

Liegt es denn da nicht offenbar am Tage,
daß Faktionen Ursache sind, wenn in solchen
Fällen entweder gar nichts, oder das Umge-
kehrte und Unzwekmäßige geschieht, wo man
doch die Absicht manifestire, man wollte schlechte
Sekten vertilgen, von denen doch recht wohl
bekannt sein kann, sie bezielten den Ruin der
Religion und der Regierungen? Liegt es nicht
am Tage, daß man gerade diejenigen Mittel
und Werkzeuge verschmäht, oder nicht hinlänglich zu schäzen weiß, die einzig im Stande
wären, den Fall und den Tod dieser Sekten
zu bewirken? Das sind, man möge es nun
glauben oder nicht, blos allein muthvolle
Schriftsteller von bekannten und berühmten
Namen, die ehrlich und redlich denken, die
ihren Federn Kraft und Nachdruk zu geben
wissen, und die sich durch fortgesezte Beobach-
tungen und Nachforschungen, durch genaue
und mannigfaltige Kenntniß geheimer Thatsachen, von dem Schaden der Zeit und von
den eigentlichen Quellen desselben, den verborgenen Cliquen und Sekten hinlänglich und aktenmäßig unterrichtet haben;

I

Einst schien es zwar, als hielte sich der König von Preußen von dieser Wahrheit überzeugt. Einige Schriftsteller erfuhren so etwas wie Ermunterung, und ich war einer dieser Schriftsteller. Der König schrieb mir unterm 28. Dezember 1791: Er würde es mir Dank wissen, wenn ich die heimlichen Ränke eines Haufens übelgesinnter und schlechtdenkender Menschen in seinen und andern Ländern, vor der Welt entlarvte, und zu ihrer gerechten Beschämung vor den Augen seiner übrigen getreuen und guten Unterthanen in ihrer häßlichen Gestalt der öffentlichen Verachtung preis gäbe. Im Vertrauen auf ein so großes königliches Wort, und im Bewußtsein meiner gerechten Sache habe ich alle diese Jahre her muthig und eifrig dasjenige befolgt, wozu ich vom König aufgemuntert ward; aber ich wünschte mich auch rühmen zu können, daß mir diese königliche Aufmunterung zur Schutzwehre gegen die vielen Mißhandlungen und Verläumdungen der Berliner Clique gedient hätte.

Wenn indessen der König von Preußen meine Kriege gegen die schlechten Aufklärer

und die schlechten Sekten ignorirt haben mag,
so ist mir doch nicht bekannt geworden, daß
er diese Kriege sowohl, als die mannigfalti=
gen wichtigen Wahrheiten meiner Schriften
mir übel genommen hätte. Es ließe sich
auch kein vernünftiger Grund angeben warum?
sondern vielmehr das gerade Gegentheil; denn
was besonders den Gegenstand der schlechten
Sekten, z. B. der deutschen Union, des Illu=
minatismus betrifft, so kann keinem Hofe die
genaue Kenntniß derselben interessanter sein,
als dem preußischen, was ich nebst den schon
bisher beigebrachten Urkunden und Räsonne=
ments noch durch folgende Betrachtungen so klar
als möglich zu machen mich bemühen werde.

Es ist unter einer ansehnlichen Menge
wohlunterrichteter Menschen eine notorische
Thatsache: daß in den preußischen Staaten
der alte O. en der Rosenkreuzer, und dann
auch die sogenannte strikte Observanz in
großem Einfluße und Ansehen steht. Man
weiß, daß diesen beiden Verbindungen, in
ihrer Vereinigung sowohl, als in ihrer Tren=
nung, selbst zu Berlin, Potsdam und an=

J 2

derwärts sehr vornehme, sehr groß, sehr wich=
tige Personen angehören; so wie es nicht un=
bekannt sein will, daß diese Verbindungen sich
eines großen Einflußes auf politische und re=
ligiöse Geschäfte in der neuern preußischen
Staatsepoche zu bemächtigen wußten.

In diesem Betracht mußte es da, mehr
als in jedem andern Lande, seine höchst wich=
tige Angelegenheit sein, den abwechselnden
Gang und Geist, die Modifikation, die Ge=
schäfte, und überhaupt alle innern und äuf=
fern Verhältnisse jener Verbindungen und Si=
steme immerfort genau zu beobachten und zu
erforschen; und da eine der wesentlichsten Ei=
genheiten dieser Verbindungen darinn besteht,
von unbekannten Obern eben so geheim,
als willführlich beherrscht zu werden, so war
es doch in jeder Rüksicht der Mühe werth,
von den Absichten, von den Zwekken, von
den Persönlichkeiten, und von der ganzen Di=
rektionsart dieser unbekannten Obern, sich so
viel möglich zu unterrichten.

Bekanntlich erließen diese Obern im Jahr
1785. einen gedrukten Hirtenbrief an die

wahren und ächten Freimäurer alten
Sistems. Aeusserst merkwürdig war es,
daß gerade ein preußischer Theologe, D.
Semler in Halle, diesen Hirtenbrief mit
einer Wuth und einer Bitterkeit anfiel, die
allenthalben Erstaunen erregen mußte. Aber
man würde weniger erstaunt sein, wenn man
gewußt hätte, daß Niemand als die Illumi=
naten es gewesen waren, die durch die son=
derbarsten Verbindungen und durch die sechste
Hand den D. Semler aneiferten, seine auf=
geklärte Galle gegen den Hirtenbrief in Be=
wegung zu sezzen. Der berühmte Name die=
ses Mannes und die Heftigkeit seines Streits
bewirkten es, daß die Obern von da an ein
öffentliches Stillschweigen beobachteten. D.
Semler hingegen trat in der Folge selbst zu
ihrem Sistem über, und wurde dann auf eine
doppelte Weise von den Illuminaten als ein
sehr brauchbarer Spielball links und rechts
herum geworfen; denn im erstern Falle diente
er ihnen dazu, die Obern nebst ihrem Sistem
lächerlich und verächtlich zu machen; und im
zweiten gab er sich selbst zum Gegenstande
hin, als neuer Proselit des von ihm ver=
schrieenen Sistems von den Illuminaten als

ein wankelmüthiger Phantast und kindischer Goldmacher mißhandelt zu werden.

Es mag, wenn man will, weit über meine Kenntnisse und Erfahrungen hinaus gehen, bestimmen zu wollen, was seitdem aus diesen Obern geworden sein könnte, am wenigsten möchte ich dies vor dem Publikum thun, denn da wird man für jede Vermuthung, für jede Konjektur, für jede Kombination von Wahrscheinlichkeiten und Umständen sogleich verantwortlich, und man wird zu geheimen Aufschlüssen aufgefordert, die man oft nicht geben will, und eben so oft nicht geben darf oder kann. Aber ich besitze einige Urkunden, welche hierüber ein sehr helles Licht verbreiten können. Es sind Fragmente einer Korrespondenz, wo ein in der Präsumption hoher Wissenschaft stehender Ordensmeister in dieser Sache um Belehrung befragt wurde, und wo dieser dann auch so viel Belehrung mittheilte, als sich kluger Weise zur innern Kenntniß der Sache mittheilen ließ.

Der Fragende hatte folgendes geschrieben: „Die höchsten Obern werden wahrscheinlich

„ blos dadurch zurükhalten, ihre Kräfte in
„ Wirksamkeit zu sezzen, weil sie wissen,
„ daß die rechte Stunde hiezu noch nicht
„ erschienen ist, daß sie den tiefen Entwürfen
„ der Alles regierenden Vorsehung entgegen
„ handeln, kurz, daß sie den Willen Gottes
„ über eine sündige Welt, und seinen uner=
„ forschlichen Rathschlüssen widerstreben wür=
„ den. Aber wenn dieses ist, was wollen,
„ was können denn wir, wenn jene grossen
„ Leute sich stille und leidend verhalten?
„ welche Verpflichtungen können denn wir ha=
„ ben, wenn jene glauben, sich von aller
„ Verpflichtung frei sprechen zu können, jene,
„ denen so vieles anvertraut ist? —
„ Ich verliere mich hier in ein Labirinth von
„ beunruhigenden Zweifeln und Widersprüchen.
„ Helfen Sie mir da heraus! — Ich kann
„ die D. D. noch nicht verlassen, denn ich
„ fordre für den ihnen geschwornen Gehorsam
„ sehr viel von ihnen. —— Warum er=
„ hielt **** auf verschiedene eigenhändige
„ Briefe an das — — — — auch nicht eine
„ Zeile Antwort? nicht einmal gewisse sub
„ petito remissionis anvertraute wichtige
„ *Originalia* zurük, daran ihm äusserst

„ gelegen war? “ — — Die Antwort
ist merkwürdig genug, um das ganze Nachdenken aller sachkundigen Leser beschäftigen zu
können. Ich setze sie, dem Wesentlichen nach,
ganz her:

„ Was ich Ihnen bisher in Absicht der
„ O. O. gesagt habe, und besonders die,
„ nach Ihrem Ausdruk, schaudervollen Dinge
„ meines lezten Briefes, scheine ich meinem
„ Wissen und meiner Ueberzeugung nach, für
„ wahr halten zu müssen. Ueberall ist seit
„ 5 — 6 Jahren Korruption und Apostasie.
„ Es mag etwas Unglaublichkeit darinn sein.
„ Aber was darf heut noch unglaublich schei-
„ nen? Wir leben in den Zeiten, wo die
„ heterogensten Dinge in der engsten Verein-
„ gung zusammen fliessen, und wo die Extre-
„ mitäten zu einer Art von Alltäglichkeit ge-
„ diehen sind. “

„ Ob die O. O. eine so zärtliche Ehr-
„ furcht gegen die Anstalten der Vorsehung
„ hegen, wie Sie glauben, ist mir dermalen
„ zweifelhaft. Im wahren Geiste unsrer
„ Verbindung denke ich hierüber so: Die

„ Vorsehung läßt das Verderben der Zeit ge-
„ schehen, und hindert die bösen Kräfte
„ nicht, die dieses Verderben bewirken, und
„ auf diesen Fall möchte ich behaupten, daß
„ die guten Kräfte aller guten Magie, und
„ des Magus Magorum gegen die bösen
„ Kräfte wenig oder nichts vermögen, wenn
„ die Vorsehung nicht unmittelbar durch ihre
„ Kraft die immer nur sehr subalternen Kräfte
„ des guten magischen Geistes unterstüzt.
„ In die Geheimnisse und Rathschläge des
„ Himmels wollen aber wir nicht bringen.
„ Plan und Zwek liegt selbst überall in je-
„ dem temporellen Bösen. Alle menschliche
„ Kraft erliegt gegen den Finger der Allmacht,
„ und unsre Magie selbst wird ein unnüzes
„ Spielwerk, wenn sich, in einer exaltirten
„ Erleuchtung unsers Geistes, wahrnehmen
„ läßt: Daß nun so eben der Gränzpunkt
„ festgestekt sei, von da an Gott wirken
„ will, und wo die Menschen es erst der
„ Gottheit ablernen sollen, wie sie nun in
„ der Folge nach neuen Prinzipien zum
„ Segen oder Fluch der Menschheit nach —
„ wirken können oder nicht. „

„ Es sei dieß, wenn Sie wollen, bloße
„ Hypothese! aber es liegt doch wohl einiger
„ tiefer Sinn darinn, zur Beruhigung sowohl
„ unsrer bangen Herzen, als zum trostvollen
„ Erwarten der Dinge, die dann noch kom=
„ men werden und müssen, und die uns
„ belehren werden, inwieweit einst Gott wie=
„ der menschlicher Kräfte bedürfen wollen
„ wird, um seinen neuen, grossen, unsern
„ Augen noch völlig verborgenen Plan einer
„ regenerirten Weltregierung, mit zu be=
„ fördern. “

„ Ob aber die Vorsehung zu Vollfüh=
„ rung ihres Plans die Kräfte unsrer jetzi=
„ gen O. O. bedürfen und brauchen wol=
„ len wird, daran zweifle wenigstens ich,
„ so sehr ich nur immer zweifeln kann! denn
„ um mit meiner ganzen Offenherzigkeit ge=
„ gen Sie hervorzutreten — wie wär es
„ wohl, wenn nun eben diese so ostentativen
„ O. O. Niemand anbrer als diejenigen wä=
„ ren, welche, nachdem sie ihr Werk der
„ Täuschung an so vielen wichtigen Prose=
„ liten vollbracht hatten, zur Apostasie
„ übergiengen? Wenn es eben diese wä=

„ ren, welche ſich nachher, einem ſchon vor-
„ dem gefaßten Plane gemäß, nicht nur
„ allein mit den Illuminaten und Aſia-
„ ten vereinigten, ſondern auch ſelbſt
„ Illuminaten wurden, und demnach
„ das neue Degenerations = Siſtem des Men-
„ ſchengeſchlechts vollführten, während ſie
„ ihre zahlreichen R. C. Proſeliten wie ar-
„ me Verirrte an Herkules Scheideweg ohne
„ Führer und Ausſicht ſtehen ließen? Wie,
„ wenn dieſes Stehenlaſſen in der Irre,
„ zum Plane der lang bevor intendirten De-
„ generation ausdrücklich gehöret hätte, da-
„ mit die vielen Proſeliten in einer unthä-
„ tigen Erwartung hingehalten, und die
„ Vollführer des Plans (die neuen O. O.)
„ nebſt ihren neuen Aſſocirten (den Illu-
„ minaten) von dieſen Proſeliten in dem Ge-
„ ſchäft der Degeneration auf keine Weiſe
„ beunruhigt und gehindert würden? Wie,
„ wenn dies den Schlüſſel gäbe, warum
„ Sie ſchon ſeit mehreren Jahren vergebens
„ auf Belehrung, auf Troſt, auf Zuſchrif-
„ ten warten, warum Sie ſich völlig ver-
„ laſſen ſehen, und warum **** ſeit ſo
„ langer Zeit weder Antwort erhalten, noch

„ feine *Originalia* zurük erhalten hat?
„ Wie, wenn man nur zuerſt recht viele
„ Briefe und *Originalia* von ſolchen
„ Proſeliten wie * * * *, Sie, und — —
„ und — — u. ſ. w. hätte zuſammenbrin=
„ gen wollen, um aus ſolchen manigfaltigen
„ und geheimſtenUrkunden die treffend
„ kalkulirte Kombination zu ziehen, wie end=
„ lich am ſicherſten der groſſe Hauptſchlag
„ gegen das ganze Univerſum aus den
„ Werkſtätten der politiſchen Cacomagie ge=
„ führt werden könne!!!

„ Dies ſind ziemlich ſchaubervolle Din=
„ ge, und Sie würden eine weit über ihre
„ Kräfte gehende Mühe haben, wenn Sie
„ mit der fünfjährigen treuen Zeitgeſchichte
„ in der Hand, nie dieſe Dinge widerlegen
„ ſollten. Betrogen zu werden iſt gerade
„ das Schikſal der allerbeſten und allergut=
„ mütigſten Menſchen. Verzeihen Sie mir
„ daher, wenn ich frei ſagen muß, daß man
„ * * * * Sie, und ſo ſehr viele mit Ihnen
„ auf eine eben ſo ſchändliche als höchſtge=
„ fährliche Art gemisbraucht und betrogen
„ hat. Dieſer Betrug war der Hebel der

„ jetzigen Weltumkehrung. Von einer Sei-
„ te (der Illuminaten und der neuern O O)
„ zog man wirkende, einflußvolle, unterneh-
„ mende, böse Kräfte an sich, welche die
„ Pläne der politischen Cacomagie anordnen,
„ bearbeiten, aktiv machen, zum Ausbruch
„ bringen sollten. Von der andern Seite sez-
„ te man andre Kräfte (die R. C. u. f. w)
„ deren Gegenwirkung in Absicht auf
„ Staatsmacht, Wissenschaft, Morali-
„ tät man fürchtete, durch jahrlange Täu-
„ schungen und magosophische Schwärme-
„ reien in einen völlig passiven und igno-
rirenden Zustand; und als nun jene Kräf-
„ te aktiv, und dieser passiv genüg ge-
„ worden waren, legte man die Lunte an
„ die Mine, und die Masse flog in die Höhe,
„ ohne daß unter tausend † nur zwei ge-
„ wußt hätten, wie und wodurch."

„ Ihr Herz wird über diese Dinge blu-
„ ten, ich weiß es. Sie werden mit thrä-
„ nenden Augen in den Abgrund hinaus se-
„ hen, worin Sie, und so viele mit Ihnen,
„ in der reinsten Zuversicht, mit Hingebung
„ alles Ihres Wollens und Wünschens ge-

„ führt worden sind, ohne daß Ihnen jezt
„ ein andres Gefühl übrig bleiben kann, als
„ das marternde Bewußtseyn: Namen, Ge-
„ schäfte, Privatverhältnisse, Entwürfe,
„ Wünsche, die geheimsten Gedan-
„ ken seines Herzens jahrelang an Men-
„ schen vertraut zu haben, die jahrelang
„ nur dieß zum Geschäft hatten: Alles ge-
„ heime in der Welt genau zu erfor-
„ schen; hiezu alle denkbare Kunstgriffe zu
„ gebrauchen, hiezu in jeder Form und
„ durch jedes Vehikel zu wirken; hiezu be-
„ sonders die Verbindung der † zu mißbrau-
„ chen; hiezu sich in die usurpirte Maske
„ der D. O. zu hüllen; hiezu als solche
„ die abentheuerlichsten Ostentationen von ge-
„ heimen Kräften, Schäzen, politischer Macht,
„ allmächtigen Einfluß u. s. w. zu ventiliren,
„ um dann, wenn einmal die ganze Beute
„ von allen Enden reichlich genug zusammen
„ getrieben wär, vom Schauplaz zu
„ verschwinden, die betrogenen Proseli-
„ ten der Ungewißheit ihres Schiksals zu
„ überlassen; die Beute unter sich zu theilen,
„ und die ganze Erde durch den Zauberstab
„ der geheimsten Kenntniß der geheimsten

„ Dinge nach Willkühr zu regieren, oder
„ zu vernichten.‘‘

„ Sagen Sie dies, ich bitte Sie um
„ Ihres Gewissenswillen, an ****, an
„ — — an — — an alle diejenigen, wel=
„ che dem Gefühl nahe, und deſſen empfäng=
„ lich ſind : daß ſie betrogen worden ſein
„ konnten, und die reinen und heiligen Sinn
„ genug haben, den Irrthum einzuſehen,
„ und nach dieſer Erkenntniß nie zur Par=
„ thei der Betrüger übergehen zu können,
„ präſumirt werden dürfen.‘‘ — —

Wenn man den ächten Sinn dieſes Brie=
fes heraushebt, ſo findet man ganz offenbar
keinen andern, als folgenden Aufſchluß: Die
Verbindungen der Roſenkreuzer und der ſtrik=
ten Obſervanz ſind nicht blos allein der Illu=
minaten = Direktion tributär und unterwürfig
gemacht worden, ſondern die Illuminaten ha=
ben dieſen Verbindungen theils aus ihrem
Mittel, neue O. O. gegeben, theils mehrere
oder alle ehedem vorhandene O. O. derſelben
an ſich gezogen, mit ſich vereinigt, und in
ihre Miſterien initiirt, ſo zwar, daß ſeit jener

Zeit jene Verbindungen von den O. O. der
Illuminaten unter der Maske ihrer sonstigen
O. O. allenthalben dirigirt, und im Nebel
herumgeführt worden sind, und bis zu dieser
Stunde noch herum geführet werden.

Man nehme diese Entdekkung als Hipo-
these, oder als wirkliches Faktum an, so
lassen sich auf allen Fall mehrere sehr lehrreiche Resultate daraus abstrahiren, deren einige der nachdenkende Leser hier zu seiner Beur-
theilung hinnehmen mag.

Es wäre zum Beispiel nicht unwahrscheinlich, daß ein Souverän, ein Minister, ein
Feldherr u. s. w. welche Mitglieder der strikten Observanz oder R. C. wären, im geheimen Conseil neben einem unbekannten Illuminaten = Obern sitzen könnten, von welchem sie
wissen und glauben, er sei als bekanntes Mitglied ihrer Verbindung ihr lieber und ehr-
würdiger Bruder, und von dem ihnen mit
keinem Worte beifällt, er könne etwa sein hei-
liges Rosenkreuz mit dem illuminatischen Mer-
kuriusstabe verwechselt haben.

Es wär hiernächst ferner nicht unwahrscheinlich, daß Staatsdepeschen, Unterhandlungen, Friedensschlüsse, Bündnisse, Kriegserklärungen, Bataillen, Belagerungen, Kapitulationen, Rükmärsche u. s. w. unter den Auspicien und Befehlen der unbekannten Illuminaten = Obern stehen könnten, indem alle in solche Staatsgeschäfte verwikkelte Glieder jener Verbindungen, von diesen Geschäften ihren unbekannten Obern gemessene Anzeige machen, und dann die daher erhaltenen Befehle eben so gemessen und auf Ordens = Eid vollziehen müssen.

Es wär nicht unwahrscheinlich, daß mittelst dieser Palingenesie die Illuminaten sich wenigstens jener Kabinette und Konseils aufs vollkommenste hätten bemächtigen können, von denen es notorisch ist, daß einige und andre ansehnliche Mitglieder derselben den unbekannten Obern unbedingten Gehorsam geschworen hätten.

Und wenn man vollends mit allem Recht annimmt, daß im Innersten des Partier = Wohl-

K

fahrts-Ausschusses, so wie ehedem im Inner=
sten des Palais-Royal, das geheimste Centrum
der unbekannten Rosenkreutzer = sowohl als
Illuminaten-Obern zu Hause gewesen ist, so
wär es gar nicht unwahrscheinlich, daß man
aus diesem Zusammenhange der Dinge alle er=
forderlichen Schlüssel zu den sämtlichen sechs=
jährigen politischen und Kriegsbegebenheiten in
ganz Europa bequem heraus finden könnte.

Der einsichtsvolle Leser begreift, daß es
unklug und fast auch überflüssig sein würde,
nach solchen Fingerzeigen mit der Sprache
noch deutlicher hervor zu gehen. Ich begnü=
ge mich mit der einzigen, zur oben aufgestell=
ten Hauptsache, gehörigen Bemerkung: daß,
möge es mit der angezeigten Entdeckung ein
Bewandtniß haben, welches es wolle, bei
Gelegenheit der gerichtlichen Untersuchung der
deutschen Union, der rechte Zeitpunkt
gewesen wär, dieser Sache auf ihren wahren
Grund zu kommen ; denn diese Union hängt
eben so enge mit dem Illuminaten = Orden,
als mit der strikten Observanz, der Rosen=
kreutzerei, und überhaupt mit der höhern
Freimaurerei zusammen ; und hatte man

nur erst die wahre und vollkommene Kenntniß von der Tendenz, der Komplikation, den Zwekken und Plänen der deutschen Union, so war es eine leichte Arbeit, den neu modifizirten Operationen der übrigen genannten Sisteme auf eine sichre Spur zu gehen.

Um dies alles zu beweisen, bedarf es nicht einmal geheimer schriftlicher Urkunden, die nöthigen Falls wohl auch aufzufinden wären, sondern die Beweise liegen schon seit längerer Zeit im offnen Druk da, und zwar so deutlich, daß man es mit dem größten Recht verwundern kann, daß man diese Beweise bis diese Stunde noch keiner gerichtlichen Aufmerksamkeit würdig gehalten hat. Schon oben ist überzeugend genug dargethan worden, daß der Illuminatismus, und vorzüglich dessen Reformator und Provinzial, Knigge, der eigentliche Stifter der deutschen Union gewesen sei. Folgende Aeusserungen in den Kniggischen Briefen *) geben aber ein

K 2

*) S. Nachtrag zu den Originalschriften der Illuminaten, 1te Abtheilung.

noch viel helleres Licht, daß Knigge nebst
dem Illuminatismus einen neuen geheimen
Orden zu stiften entschlossen war. Seite 114
sagt er: „ Er wolle die Freimaurer = Logen
„ auf eine Association aufmerksam machen,
„ hinter welcher die Illuminaten stekten.
„ Er wolle ferner einen festern, hellern Plan
„ erfinden, der ganz auf Redlichkeit und
„ Freiheit beruhete, darinn dann die besten
„ Köpfe, mit denen er in Verbindung sei,
„ hineingezogen, und in allen Gegenden
„ Leute angestellt würden, die sich heimlich
„ von Illuminaten müßten aufnehmen
„ lassen, um auch in der Folge zu erfah=
„ ren, was geschähe. "

Noch viel offenherziger erklärt er sich über
seinen neuen Orden Seite 116. „Wenn man
„ mich zwingt, heißt es, anders zu handeln
„ (und dazu wurde er durch Weishaupts Be=
„ harrlichkeit wirklich in der Folge gezwun=
„ gen) so nehme ich unsre Einrichtung, lege
„ sie den Beßten ganz vor, erzähle ihnen
„ die Geschichte unsers Ordens, danke bei
„ uns ab, erfinde noch vorsichtigere
„ Mittel, die Sache vor Entweihung zu be=

„ wahren, gebe dem Dinge einen an-
„ dern Namen, und mache selbst aus
„ unsern Orden meine Pflanzschule. Und
„ ich bekenne es, das werde ich thun."
Seite 122. schreibt er an Weishaupt die
Drohung: „ Trauen Sie mir nicht, so hört
„ von dem Augenblikke an alle Verbindung
„ unter uns auf; ich errichte dann ein
„ festeres Bündniß " — und welche
Zwekke er bei diesem neuen und festern Bündniß (dem Amalgama von Illuminatismus,
deutscher Union, und strikter Observanz) vor
Augen hatte, bekennt er mit den Ausdrükken:
„ Er wolle dem Orden feste Grundlage,
„ Macht und Geld verschaffen — einen
„ freien Handel und Privilegien in Däne-
„ mark, Holstein, wie auch Vorschüsse
„ dazu, — eine mächtige Parthei gegen Je-
„ suiten. (S. 121) Dann sagt er (Seite
„ 123) Ich sehe grosse, ungeheuer
„ grosse Aussichten vor mir, und (Seite
„ 124) gesteht er: Er sei zu Allem
„ fähig! "

Mit einer gleichen völlig überzeugenden
Handgreiflichkeit bekennt er an verschiedenen

Stellen seiner Briefe seinen zerstöhrenden Ein=
fluß auf die strikte Observanz und die Rosen=
kreutzerei. Wir wollen diese Stellen der Ord=
nung nach anführen. Seite 101 heißt es:
„ Ich hielt durch unerhörte Schwänke und
„ Wendungen die ältesten, klügsten Männer
„ auf, sezte Alles in Feuer, untergrub
„ die strikte Observanz. " Seite 122.
„ Ich habe gegen Exjesuiten und Rosenkreutzer
„ geschrieben, Leute verfolgt, die mich nie
„ beleidigt hatten, die strikte Obser=
„ vanz in Unordnung gebracht; die
„ Beßten daraus an uns gezogen, *) ih=
„ nen von der Würde des Ordens, von sei=
„ ner Macht, seinem Alter, der Vor=
„ treflichkeit seiner Chefs, der Untadelhaf=
„ tigkeit der höhern Mitglieder, der Wichtig=
„ keit der Kenntnisse, und der Redlichkeit
„ der Absichten grosse Begriffe gemacht."
Seite 115. „ Als ich zum Orden trat, da
„ war man blindlings gegen Alles, was

*) Und könnten diese Beßten nicht eben die
      h o h e n O b e r n gewesen sein ? Denn
      diese waren doch sicher die A l l e r b e ß=
      t e n !

„ ſtrikte Obſervanz hieß, eingenommen. Ich
„ behauptete, es ſeien die herrlichſten Men=
„ ſchen darunter, und die Folge hat es ge=
„ rechtfertigt. Unſre beſten Leute in Neu=
„ wied, Göttingen, Mainz, Hannover,
„ Braunſchweig, Pfalz, ſind ehemalige
„ Mitglieder der ſtrikten Obſervanz. “ *)
Seite 116. „ Will man mir freie Hand laſ=
„ ſen, ſo hafte ich mit meinem Kopfe da=
„ für, daß ich jezt 1) dem Orden ſehr wich=
„ tige Kenntniſſe, 2) feſte Gewalt über die
„ ſtrikte Obſervanz, oder vielmehr gänzli=
„ che Zerſtöhrung derſelben, 3) groſſen
„ Einfluß auf das Zinnendorfiſche Syſtem,
„ 4) weltliche Macht und Reichthum ver=
„ ſchaffe. “ Seite 120 — 121. „ Seit der
„ Zeit, daß ich die Provinzen abgegeben ha=
„ be, habe ich ununterbrochen durch Arbeit,
„ Briefwechſel und Geſpräche an groſſen
„ Dingen gearbeitet, und ſeit 8 Tagen habe
„ ich hier (in Kaſſel) geheime Konferenzen

*) Dieſes Bekenntniß macht die obige Ent=
deckung von der Palingeneſie der unbe=
kannten Obern mehr als wahrſcheinlich,
und wirft ein groſſes Licht auf alle Be=
gebenheiten dies= und jenſeits des Rheins.

„ mit dem P = = C = von H = = und an=
„ dern Männern. Dieß alles zusammen ge=
„ nommen sezt mich in den Stand, 1) die
„ ganze ächte Geschichte von der Entstehung
„ der Freimaurerei und Rosenkreuzerei zu
„ besitzen, und in die höhern Misterien
„ zu legen, *) 2) dem Orden Natur=
„ Geheimnisse mittheilen zu lassen, die er=
„ staunlich und einträglich sind, 3) die
„ ganze strikte Observanz nicht mit uns zu
„ vereinigen, sondern uns unterwürfig
„ zu machen, **) 4) eine eben so feste
„ Anstalt gegen die deutschen R ✝, die uns
„ täglich gefährlicher werden, zu schaffen.‟

Diese und dergleichen Dinge versprach
Knigge nicht blos, sondern er hielt in der
Folge auch Wort. Es wird hinlänglich sein,
dies durch diejenigen Geständnisse und Erzäh=
lungen zu beweisen, die man in den gedruk=
ten Originalschriften der Illuminaten unter
seinem Namen antrift, denn andre ungedrukte
Data dürften keine so unbedingte Glaubwür=

*) Ich denke, das läßt sich verstehen!

**) Immer besser!

digkeit finden. Schon im Jahr 1780 schrieb er an Weishaupt. *) „ Nun habe ich in
„ Cassel den besten Mann gefunden, zu dem
„ ich uns nicht genug Glück wünschen kann.
„ Es ist — Mauvillon **) Meister vom
„ Stuhl einer von Royal York aus consti=
„ tuirten Loge (von der strikten Observanz).
„ Also haben wir mit ihm auch gewiß
„ die ganze Loge in unsern Hän=
„ den. “ Ebendaselbst S. 385. schreibt
Weishaupt folgendes: „ Auch den H. F = =
„ (den ehemaligen Großmeister des sämmt=
„ lichen deutschen Freimaurer = Wesens, und
„ den Präsidenten des Konvents zu Wilhelms=
„ baad!) hat Philo (Knigge) angewor=
„ ben. B = = ist so gewendet, daß er nebst
„ dem H. von G = = welcher eine würdige
„ Acquisition ist, mit ganzer Seele am
„ Orden hängt. “

*) Originalschriften, 1. Th. S. 361.

**) Ich bitte meine Leser, sich hier an Alles dasjenige zu erinnern, was sie von diesem berüchtigten Menschen in meinen Schriften gelesen haben.

Das Hauptabentheuer zur Zerstöhrung
uab Unterwerfung der strikten Observanz und
der gesammten Freimaurerei, wie sie immer Namen haben mag, unter den Despoten-
zepter des Illuminatismus bestand aber Knigge
auf dem Konvent zu Wilhelmsbaad. Alle
und jede Freimaurer, aller hohen und niedern
Grade und Sisteme, mögen aus seinem eignen Munde erfahren, wie sie mittelst ihrer
Deputirten auf diesem Konvente bedient worden sind. Hier ist der Reihe nach seine Erzählung: *)

„ Ich habe auf dem Konvente in Wil-
„ helmsbaad den Deputirten Grafen von
„ K == angeworben, und ihm den Namen
„ Numenius gegeben. Hier ist sein Revers.
„ Er wußte nicht nur die Existenz des Or-
„ dens, sondern sagte mir auch, er habe ge-
„ hört, S == = sei Illuminat. Dies hat mich
„ betroffen. Sollte denn N - - geschwäzt ha-
„ ben? Uebrigens war er sehr übel auf

---

*) Nachtrag zu den Originalschriften, 1te Ab-
theilung. S. 199. u. s. f.

„ S = = =*) zu sprechen, und bat, man möchte
„ ihn nicht an denselben weisen. Ich sagte, ich
„ wüßte nicht, was für Mitglieder in Oe=
„ sterreich **) wären. Den Revers habe ich

*) Ich kann nicht bestimmen, ob dieser der
nämliche S = = = sein mag, von welchem
Weishaupt S. 222. sagt: „ Warum Al=
„ les verfallen, liegt an dem Narren S = = =
„ und in A = = = fehlerhaft getroffenen Ein=
„ richtungen'', obschon es bei einiger Com=
bination der Umstände ziemlich wahrschein=
lich wird.

**) Das Wort Oesterreich steht wirklich ge=
druft da, und Knigge muß es am besten
wissen, ob es ein Drukfehler ist oder nicht.
Aus einer andern Stelle seiner Berichte
(S. 194.) nimmt man aber wahr, daß
er auf Oesterreich und Wien einen grossen
Werth gelegt hatte, denn er macht dort
das pondorose Projekt: „ Wenn wir 1) das
„ ganze Sistem ausgearbeitet haben, 2)
„ wenn jede Provinz ihren Provinzial hat;
„ 3) wenn über 3 Provinzen ein Inspek=
„ tor gesezt ist, 4) wenn wir in R o m
„ (Wien) u n s r e N a t i o n a l = D i =
„ r e k t i o n haben, dann, u n d n i c h t
„ e h e r, richten wir etwas aus. ''
Nicht minder glorios rühmt er sich S. 111:

„ mir, wie Sie sehen werden, äusserst vor-
„ sichtig aufsezen lassen. Er hat den Vor-
„ bereitungs - Aufsaz, das Noviziat, und
„ den Minerval-Grad nach und nach gelesen,
„ mehr nicht (???) — — Mir gefällt er
„ wohl. Er ist nicht von den allerfeinsten
„ Köpfen, scheint aber doch **aufgeklärt**,
„ und warm für das Gute " — und weil
Knigge da eben von Oesterreich spricht, so
sezt er hinzu: „ Pausanias in Claudiopolis
„ hat zweien unsrer Leute, dem einen im Oe-
„ sterreichischen als **Pfarrer** (warum nicht
„ lieber als Bischof?) und dem Andern beim
„ deutschen Orden angeholfen. Dagegen
„ bittet er, sich in Rom (Wien) eines ge-
„ wissen W = = (Werthes) anzunehmen. Es
„ ermuntert gewiß den Eifer dieses herrlichen
„ Mannes (Namens G = = =) wenn er sieht,
„ daß man auch ihm brüderlich zu helfen
„ sucht. Durch sein Bestreben ist Theognis

„ Wenn mich nicht Spartacus so schänd-
„ lich behandelt hätte, so wüßte ich herr-
„ liche Leute in Rom (Wien.) Ich
„ habe mehr Einfluß dort, als
„ er glaubt. " — Concedo Totum!
Experto crede Ruperto!!!

„ im Oesterreichischen als lutherischer Pfarrer
„ angesezt (im Jahr 1783 nämlich)!!!)

Seite 201 u. s. f. — „Es war auf dem
„ Konvente in Wilhelmsbaad ein Deputir=
„ ter, der zugleich. die Aufträge der Logen
„ in München hatte, der Kirchenrath W = aus
„ Heidelberg. Er plagte mich so entsezlich,
„ daß ich endlich den Revers von ihm nahm,
„ ihm aber das strengste Stillschweigen aufer=
„ legte. Es war um so nöthiger, ihn zu
„ gewinnen, da die neue (Wilhelmsbaa=
„ der) Freimaurerei die Direktion der
„ VIIIten Provinz nach Heidelberg verlegt,
„ und ihm die Direktion gegeben hat. Ich
„ verlangte als erste Probe der Treue, daß
„ er unsre Leute in der Pfalz *) mit
„ zu der Sache ziehen sollte, und
„ er folgte. „

„ Mit den Chefs des Zinnendorfischen
„ Sistems nahm ich Gelegenheit, einen Brief=
„ rechsel anzufangen, den ich auch jezt noch
„ fortseze. Die Emissarien andrer Gesell=

*) Fällt da Niemanden M a n h e i m bei ???

„ schaften forschte ich theils durch andere Wege
„ aus, theils hatten sie selbst das Zutrauen
„ zu mir, sich mir zu entdekken. — Die De-
„ putirten im Wilhelmsbaad aber kamen
„ fast Alle zu mir, und da sie, (ich weiß
„ nicht woher *)) Nachricht von der Exi-
„ stenz unsrer Verbindung hatten, so baten
„ mich Alle, auch der — — von H = =
„ (pflegt gewöhnlich und von Amtswegen un-
„ term 29 – 31. Grade nordwärts nahe an
„ der See zu residiren) um die Aufnah-
„ me. Nun hielte ich es am besten gethan,
„ daß ich die Mehresten einen Revers unter-
„ schreiben ließ, ihnen also Stillschweigen
„ auferlegte, aber keinen einzigen aus ihnen,
„ während der Konvents = Zeit, das Geringste
„ schriftlich mittheilte. Dies that ich, und
„ redete nur im Allgemeinen mit ihnen. ‟

Geneigter Leser, wer du immer sein magst,
ob Freimaurer, Rosenkreutzer oder Profaner,

*) Wie bescheiden! doch wohl durch die al-
lenthalben ausgestreuten heimlichen Insi-
nuationen, und Lokspeisen von der Vor-
treflichkeit der Sache!

laß uns hier ein wenig stille stehen! Es ist
also durch diese Geständnisse (und es folgen
unten noch mehrere) schon unwidersprechlich
erwiesen, daß die allermeisten, fast alle Frei=
maurer = Deputirten in Wilhelmsbaad, in
den Illuminaten = Orden getreten sind, und
daß sie ihren Logen, anstatt ächter Freimau=
rerei, um welcher willen sie abgeschikt worden
waren, nichts weiter als Kniggische Illumi=
nation mitgebracht haben. Man berechne und
überdenke nun alle Folgen dieser Palingenesie!
Man urtheile über den Geist heutiger Frei=
maurerei! Und man entsetze sich über die un=
geheure Menge von Betrügern und Betrognen,
die seit jenem Zeitpunkte (1783) in allen
Ländern von Europa durch unbekannte Hände
zu eben und demselben Ziele geführt worden
sind!

Wie ungeheuer groß aber diese Menge sei,
und wie nun die Chefs der Illuminaten in
Absicht dieser Menge sowohl, als der wichti=
gen Bedeutenheit derselben, den Königen und
Fürsten ins Gesicht trotzen, und beim minde=
sten Anschein einer Inquisition gegen sie, allen
Obrigkeiten geradezu Schach bieten, hat nur

erst Knigge eigenselbst im November des Jahrs 1794, gerade zu der Zeit, da ihm die Festung Stade zum Aufenthalt angewiesen werden sollte, im offnen Druk an ganz Deutschland manifestirt. Man lese die unten genannte Drukschrift *) und erstaune über die unglaubliche Kühnheit und Sicherheit des Illuminaten = Provinzials Knigge bei folgender Stelle: „Alle ächte Grade des Illumi-
„naten=Ordens (also wie sie in den neue-
„sten Arbeiten des Spartacus und Philo ge-
„druft zu lesen stehen) sind, so wie ich
„sie kenne, unverändert gelesen, an-
„genommen, und wieder ausgetheilt wor-
„den von einer grossen Anzahl der größ-
„ten, wichtigsten, würdigsten, ge-
„lehrtesten Männer Deutschlands;
„von regierenden und apanagir-
„ten, mächtigen und weniger mäch-
„tigen, geistlichen und weltlichen Für-
„sten, von Bischöfen, und sehr from-
„men und redlichen Priestern (wäre auch
„dies möglich???) Predigern, Theo-

*) Auszug eines Briefes die Illuminaten betreffend. Zweite Auflage. Seite 64.

„ logen, Lehrern aller christlichen Be=
„ kenntniſſe; von Staatsminiſtern, Rä-
„ then in hohen und niedern, Reichs=
„ und andern Gerichten, Geſandten,
„ H e e r f ü h r e r n, (die Illuminaten
„ haben ſich ja ſchon längſt gerühmt, daß ſie
„ den Reichsfeſtungen Kommandan=
„ ten gegeben haben!!! *) Gelehrten von
„ groſſen Anſehen, Edelleuten und Bür=
„ gern. — Darf man alle dieſe Menſchen
„ einer ſchändlichen Verſchwörung beſchul=
„ digen, wohl, ſo möge dann die An=
„ flage immerhin mich mit betreffen.“

Nach dieſem ganz offenbaren und poſiti=
ven Bekenntniß des jezeltigen Ober = Zunftmei=
ſters des Illuminaten = Ordens wüßten wir
doch alſo endlich, wie wir in Deutſchland
daran ſind! Nun wird man doch hoffentlich
nicht zweifeln wollen, daß es wirklich Illu=
minaten giebt, und in welchen Ständen und
Aemtern der bürgerlichen Geſellſchaft ſie zu
Hauſe gehören! Nun wird man ſich doch ſo

*) S. Endliches Schikſal des Freimaurer =
Ordens. S. 22.

L

viele höchst unerklärbar scheinenden Ereignisse in
der neuen politischen, militärischen, negoziren=
den, capitulirenden, überhaupt in der ganzen
neuen Staats= Kriegs= und Friedenswelt end=
lich einmal an den Fingern herab zu erklären
im Stande sein! Und nun werden wir Uebrigen,
gen, die wir keine Illuminaten sind und wa=
ren, endlich begreifen lernen, wie es zugeht
und zugegangen ist, daß im weiten Deutsch=
land keinem Illuminaten, deren so viele doch
schon lange mit Namen und Titeln genannt
worden sind, noch ein Haar gekrümmt wor=
den ist, und daß vielmehr ihre allmächtige
Clique alle ihre Gegner und Widersacher al=
lenthalben mit Verläumdungen, Denunziatio=
nen, Dienstentsetzungen, Brodverlust, Fürsten=
ungnade u. s. w. mit offner Stirn verfolgt.
Diese übermächtige Clique ist es, die mit al=
lem Recht sich rühmen darf: Peccavi, &
quid accidit mihi!

Da Knigge hierinn schon so weit hin=
ein, und gewiß mit Bewilligung seiner hohen
und niedern Mitinteressenten, offenherzig ge=
wesen ist, so steht ja wohl zu erwarten, daß
er eheuächstens zu desto kühnern Trotz, alle

die Leute, von denen er hier nur im Allgemeinen gesprochen hat, mit Tauf= und Ge-
schlechtsnamen laut nennen, und dann die
Könige und Fürsten fragen wird: Nun da
sind wir, was wollt ihr uns thun?
Welche Fehde wollt ihr den mächtigen
und weniger mächtigen, geistlichen und
weltlichen Fürsten N. N. N. N. N. die
zu uns gehören, bieten, daß sie eurer
Gewalt nicht Gewalt entgegen setzen
sollten? — Weiß Gott, ob wir dies
schöne Experiment nicht noch ehestens erleben!
In gewissen Gegenden von Europa ist wenig=
stens seit dem Aprilmonat 1795 schon ein
ziemlich lauter Anfang versucht worden; und
wenn nur erst die hohen Obern zu B==,
M==, H===, U====, W==, R===,
sich recht in die Brust werfen wollten, so wär
es ja gar nicht unwahrscheinlich, daß der Illuminatenorden bei einer allgemeinen Pazifika-
tion seine legale Sanktion in Deutschland von
Kaiser und Reich requiriren dürfte!

Was hier nächst Knigge in Anwerbung
sehr zahlreicher und sehr brauchbarer Mitglie-

der für sich nicht unmittelbar vermochte, das
wußte er dann schon durch solche Subjekte zu
bewirken, deren entschiedner Einfluß in andern
Sistemen ihm bekannt war, und durch welche
er ganze Legionen Minervalen und Maulthiere
aller Sisteme und Sekten in seine Anticham=
bre hinein treiben zu sehen vermuthen konnte.
Es hieß immer schon ein grosses Verdienst,
daß er grosse und ansehnliche Mitglieder, wie
z. B. diejenigen sind, von welchen schon im
ersten Theile meiner Höchstwichtigen Erinne=
rungen die Erwähnung geschah, und dann an
den berühmtesten deutschen Universitäten aller=
lei Professoren, Gelehrte, Theologen u. s. w.
angeworben hatte, deren Zahl sich schon im
Jahr 1783 über fünf Hundert belief. *)
Aber die fruchtbarste Propagations = Speku=
lation war doch ohnstreitig die: daß er meh=
rere Großmeister deutscher Logen, und Obe=
re der strikten Observanz an sich zu ziehen
wußte, und daß er dann gegen eine andre
Seite hin den Schaafstall der deutschen Union
eröffnete, in welchem alles jene Gethier be=

---

*) S. Nachtrag der Orginalschriften 1te
Abth. S. 101. und 117.

quem untergebracht werden konnte, für welches im Illuminaten = Tempel nicht Raum oder
schiksame Unterkunft genug zu finden war.

Wir haben schon oben gehört, baß der
Großmeister der Loge zu Cassel, Mauvillon,
als eines der thätigsten Werkzeuge zu Betreibung der ersten Spekulation von ihm gerühmt
worden ist, und zwar mit Recht, denn dieser Mauvillon hat nicht nur in Cassel, Braunschweig, Wolfenbüttel, Gotha, Hannover,
Göttingen u. s. w. reichliche Früchte seines
Propagations = Eifers gesammelt, sondern er
that dem Orden den unaussprechlich grossen
Dienst, daß er den Grafen Mirabeau in die
höchsten Grade aufnahm, und durch diesen ge-
waltigen Emissär das ganze Sistem in das
Innerste der französischen Freimaurerei ver-
pflanzte, folglich hiedurch die Hauptmine zur
Explosion der französischen Staatsrevolution
ganz unvermerkt bearbeitete. Aber fast noch
wichtigere Dienste, sowohl für Frankreich als
für Deutschland leistete ein andrer Oberer und
Großmeister, welchen Knigge im Wilhelms-
baab in sein Netz zu fangen wußte, und welcher es eigentlich gewesen ist, der in eigner

Person das Illuminaten = Sistem in Frank=
reich, und zunächst in Paris, gegründet,
organisirt, consolodirt, das heißt, die Revo=
lution zur Reife und in Aktivität gebracht
hat, denn dieser Obere unternahm mit einem
noch andern sehr unternehmenden Gesellen im
Jahr 1788 eine Propagations = Reise nach
Paris, und half da dasjenige vollenden, was
Mirabeau, Orleans, Fauchet, Bonneville u. a. m bisher noch nicht in vollkom=
mene Ordnung zu bringen im Stande gewe=
sen waren.

Dieser Obere war Bode. Die Beschrei=
bung, welche Knigge von dem Karakter,
von der Wirksamkeit, von der Anwerbung
dieses Menschen in seinen Briefen und Berich=
ten macht, ist zu interessant, daß ich sie nicht
im Wesentlichen hier anführen sollte. Er be=
ginnt Seite 205 auf folgende Weise: „Hier
„ habe ich den beliebten Schriftsteller Bode,
„ Ueberseßer der empfindsamen Reisen, des
„ Tristram Schandi, und verschiedener an=
„ drer Bücher, angeworben. Er war als
„ Deputirter auf dem Konvente, und ist
„ das *Factotum* der strikten Obser=

„ vanz, und hat versprochen, thätig für
„ uns zu sein — — Er ist ein Mann von
„ Jahren, ein feiner Kopf, und fleissiger
„ Forscher; die strikte Observanz hat ihm ei-
„ nen grossen Theil des wenigen Guten, so
„ sie hatte, zu danken. — Gegen ihn ist
„ folgendes: Er mag gern eine Hauptperson
„ vorstellen. Er ist etwas stürmisch und hef-
„ tig. Er wird nicht lange im Dunkeln ge-
„ führt sein wollen. Er liebt das Wohl-
„ leben, doch ohne unmäßig zu sein. Er
„ sieht es gern, daß ihm die Für-
„ sten schmeicheln. *)

*) Eine noch treffendere Schilderung dieses
Mistagogen giebt die berühmte Rede: Endliches Schiksal des Freimaurer = Ordens,
Seite 19. „ Urtheilen Sie selbst von der
„ Wichtigkeit dieses Dienstes, da Bode
„ seit vielen Jahren in einer Menge von
„ maurerischen Konnexionen stand, und auf
„ den mehresten Konventen eine bedeutende
„ Rolle gespielt hatte, da er mit der Zu-
„ dringlichkeit eines Juden sich an die
„ Grossen, die er im Herzen tief verach-
„ tete, anzudrängen verstand; da er, bei
„ aller Plumpheit des Körpers, sich bei
„ den Weiblein einzuschmeicheln, und sie,

„ Ich fragte ihn, warum er unsre Ver-
„ bindung aufgesucht habe? Aus der redli-

„ indem er mit ihnen empfindelte, und
„ schöngeisterte, gefangen zu führen wußte;
„ da er als Schriftsteller und vormaliger
„ Buchhändler, auch von dieser Seite theils
„ selbst, theils durch Andre wirken konnte,
„ Unverschämtheit genug besaß, um über
„ Alles kunstrichterlich abzusprechen, und
„ den Ton anzugeben, unter dem Gewan-
„ de niederdeutscher Bonhommie und Ge-
„ radheit, die nicht selten in Ungeschlif-
„ fenheit ausartete, ein Herz voll der bos-
„ haftesten Ränke verbarg, und endlich
„ ein so fanatischer Schwärmer für Natu-
„ ralismus war, als nur einer gefunden
„ werden konnte. Auſſer diesen für den
„ Illuminatismus so empfehlenden Ei-
„ genschaften, war Bode auch einer der
„ misvergnügten Observanzritter, und
„ hatte, weil seine gierige Spekulation
„ auf Präbenden und Größen durch den
„ Verfall des templarischen Sistems ge-
„ scheitert waren, bereits dadurch seinen
„ Mismuth abzukühlen gesucht, daß er
„ hin und wieder ausstreute, die Jesuiten
„ hätten dabei das Hährchen im Spiele
„ gehabt. “ — Dieser Bode ist voriges
Jahr als Sachsen = Weimarscher geheimer

„ chen Absicht, etwas Gutes (die französi=
„ sche Revolution) durch dieselbe zu wirken,
„ — — mit allem Eifer für dieselbe zu ar=
„ beiten, und die strikte Observanz mit
„ darnach leiten zu helfen. — — Ich
„ fragte ferner: Was er zu leisten verspräche?
„ Ganz für uns zu leben und zu wirken,
„ mir seine Verbindungen, Plane, Absich=
„ ten, Entdekungen, die er neuerlich in der
„ Geschichte der Maurerei, und Rosenkreu=
„ zerei gemacht, mitzutheilen, mir die Kon=
„ vent = Akten zu zeigen u. s w. Er er=
„ füllte sogleich einen grossen Theil dieser
„ Versprechen, und ich habe Ursache, sowohl
„ von seiner Redlichkeit, strengsten Redlich=
„ keit (nach Illuminaten = Begriffen und dem
„ bekannten Jura, perjura, Secretum pan-
„ dere noli!) überzeugt zu sein, als auch
„ davon, daß seine Kenntnisse und Papiere
„ uns Nutzen stiften würden. Auch kenne

Rath gestorben. In seiner Jugend war er
Querpfeifer, dann Schöngeist, Buchhänd=
ler u. s. w. (S. Henkes Archiv für die
neueste Kirchengeschichte, 1794, Ites
Heft.)

„ ich nun seine Ordens = und Weltverbin=
„ dungen.

„ Während ich dies Alles las, mußte
„ er mir Tabellen, Karakter, Lebenslauf
„ u. s. w. verfertigen — — Darauf theilte
„ ich ihm den großen Illuminatengrad mit
„ — — — — Nach vielfältigen Hin = und
„ Herreden ertheilte ich ihm lezlich noch vor
„ unsrer Abreise den Rittergrad. Er schien
„ gar nicht betroffen über die Verpflich=
„ tungen, die man darinn fordert. (Da=
„ zu war er denn schon freilich alter Sünder
„ genug!) — — wenn man ihm den end=
„ lichen Hauptzwek des Ordens vorlegt, und
„ er denselben edel und gut findet, so will
„ er 1) treu an uns halten, für uns wir=
„ ken, und uns nach der Vorschrift des
„ Rittergrades die Oberhand in dem
„ neuen Sistem zu verschaffen suchen;
„ 2) dafür sorgen, daß Illuminaten bei
„ der Direktion angesezt werden; 3)
„ daß die Logen der strikten Observanz mit
„ den unsrigen fraternisiren, daß näm=
„ lich unsre Logen äusserlich den H = F = = =
„ als Großmeister erkennen (das ist doch

„ deutlich!) 4) Bei Verfertigung des neu=
„ en Gesetzbuches wolle er in alle Wege,
„ unsre Plane in Ansehung der Meisterwah=
„ len u. f. w. vor Augen haben. *) 5) Sei=

*) Ich erinnere mich noch recht gut der Ver=
legenheit, in welcher sich so manche Frei=
maurer = Logen befanden, als ihnen das
saubre neue Gesetzbuch aus Wilhelmsbad
zur Annahme zugesendet wurde. Mehrere
derselben in Wien hatten das Feingefühl,
heterogenen Unrath darinn wahrzunehmen,
und es wurde deswegen von Loge zu Loge
darüber votirt und daran verbessert. End=
lich gerieth mein Großmeister auf den Ein=
fall, unsre Loge solle als Votum den voll=
ständigen Entwurf eines neuen Gesetzbuchs
vorlegen, und das Allermeiste dieser höchst
verdrüßlichen Arbeit fiel auf mich als wohl=
bestellten Sekretär. Dieser Entwurf wur=
de in der Folge mit sehr wenig Abände=
rungen wirklich als österreichisches Gesetz=
buch angenommen. Mir entgieng dabei die
illuminatische Grundlage desselben nicht;
aber was konnte ich thun? Diese Grund=
lage nebst verschiedenen Details wurde bei=
behalten, und schon die Klassifikation in
simbolische, Distrikts = Provinzial = und
Nationallogen mußte es selbst dem flachsten

„ ne Kenntnisse über den Ursprung der Frei-
„ maurerei, und der Rosenkreuzerei un-
„ sern Obern mittheilen, (lieber
„ Leser, denk doch ein wenig an die obige
„ Entdekung!) und die der strikten Observanz
„ versprochenen Deduktionen darüber, in
„ — unsern Drukkereien drukken lassen,
„ und an unsre Leute nach unsrer Vor-
„ schrift austheilen?“ — — —

Wenn man nun alle diese hier der Reihe
nach erzählten Umstände und Thatsachen mit

Beobachter einleuchtend machen, daß das
ganze neue Sistem wenigstens auf keinem
Freimaurer = Boden gewachsen war, denn
Alles lief auf Eklektik und völligen In-
differentismus hinaus. — Wer darf es
mir nun noch übel nehmen, wenn ich, bei
dieser genauen Kenntniß der Sache, die
ganze neue sogenannte eklektische Freimaurerei für keine ächte erkennen kann, und so
oft gewünscht habe, die wahren und ächten
Freimaurer möchten doch eihmal die Augen öffnen, und die ganze Eklektik dahin
verweisen, wohin sie gehört. Man lese
unten mit Nachdenken die Urkunde Nro.
XV, um hierüber vollkommnes Licht zu
erhalten.

Nachdenken kombinirt; wenn man ohnehin
längst weiß, daß das Sistem der französischen
Revolutionsstifter völlig eben und daſſelbe der
deutschen Illuminaten gewesen ist; wenn es
als die erwiesenste Thatsache nicht geläugnet
werden kann, daß Mauvillon den Grafen
Mirabeau im Jahr 1786. in die höchsten
Illuminatengrade aufgenommen hat, daß
Bode und der von dem Busche (welchen
Knigge als Sohn eines deutschen Ministers
karakterisirt S. 195.) im Jahr 1788 nach
Paris reisten, das Illuminaten = Sistem in meh=
rere der ansehnlichsten dortigen Logen übertrugen,
und besonders den französischen Ober = Groß=
meister Orleans, nebst Fauchet, Bertoli,
Bonneville, Bailli, Condorcet, la Fayette,
Lameth, Maunier, Clermant Tonnére,
Lalli = Tolendal und so vielen Andern, in
das Geheimniß des Illuminatismus initiirten,
und wenn endlich Knigge ausdrüklich gesteht,
daß er diese drei, für Frankreich so äufferst
thätigen, Illuminaten = Apostel, nämlich
Mauvillon, Bode und von dem Busch
angeworben, und mit der geheimsten Illu=
minaten = Praxis familiarisirt hat, so begreife,

wer kann, die namenlose Frechheit dieses Jun=
kers, womit er in dem oben allegirten Libell *)
allenthalben diejenigen **Buben** und Ver=
läumder schimpft, welche die engbrüderliche
Harmonie zwischen deutschen Illuminaten und
französischen Jakobinern, Cordeliers, Feuil=
lants u f. w. erwiesen haben, und womit er
vollends S. 71. dem deutschen Vaterlande
und allen deutschen Fürsten mit folgender In=
sinuation Hohn zu sprechen wagt: „ Mir ist
„ es nicht wahrscheinlich, doch will ich es
„ auch nicht bestimmt widersprechen, daß
„ wenigstens eine **ähnliche** Verbrüderung
„ aus den Trümmern jener (des Illuminaten=
„ Ordens) entstanden sein könne, die aber
„ dann noch schwerlich (???) mit der
„ **französischen Revolution** etwas
„ **gemein** hat. Auf jeden Fall würden
„ die Delatoren (warum sagt der Mensch
„ nicht geradezu Ankläger? denn das sind
„ wir!) welche von allen diesen Dingen mit
„ so viel Gewißheit reden, die Verbindlich=

*) Auszug eines Briefes, die Illuminaten
betreffend.

„ keit auf sich haben, wenn man sie nicht
„ für offenbare Verläumder halten soll, de=
„ nen es nur darum zu thun wäre, ehr=
„ liche (daß Gott sich der illuminatischen
„ Ehrlichkeit erbarme!) Leute aus Pri=
„ vatrache (wer denkt an die?) verdächtig
„ zu machen, wenigstens eine einzige un=
„ läugbare Thatsache, mit Nennung der
„ dabei interessirten Personen, bekannt
„ zu machen, woraus die Fortdauer des
„ Illuminaten=Ordens, und seiner Ver=
„ bindung mit den Jakobinern ausser Zwei=
„ fel gesezt würde. Bis dahin können
„ ihre Anklagen nicht anders, als sehr
„ verdächtig scheinen. "

Nun denn Junker! damit die wenigstens
meine, so oft, seit vier Jahren in allen mei=
nen neuern Schriften, mit Nennung meines
Namens, wiederholte Anklage, nicht ferner
noch verdächtig scheine, so trete ich dir in die=
ser Schrift abermal unter die Augen, und
beweise dir aus deinen eigenen Geständnissen
und aus deinen Handlungen, daß du, für
deine Person sowohl, als mittelst deiner,

durch dich angeworbenen, geleiteten, dirigir=
ten Helfershelfer, einer der wirkſamſten Be=
förderer der franzöſiſchen Revolution, und ein
Haupttriebwerk der deutſchen Volksaufwiegelei
und Demokraten = Komplotte geweſen biſt,
und es bis dieſe Stunde noch biſt! Ich be=
weiſe es dir ohne alle Menſchenfurcht, und
ohne mich im geringſten dadurch irre machen
zu laſſen, daß du durch deine gewöhnlichen
Ränke und deine ſuperiören Konnexionen über
dieſe nämliche, von dem ſel. Zimmermann
gegen dich geführte Anklage, zu ſiegen mußteſt.
Ich beweiſe dir mit einem Worte hiemit frei und
feſt, daß du der Urheber der zerſtörten Frei=
maurerei, der zerſtörten ſtriften Obſervanz,
der völlig korrumpirten Roſenkreutzerei, und
in Folge deſſen ein weſentlicher Mitbeförderer
der franzöſiſchen Revolution in allen ihren
innern und äuſſern Beziehungen, und end=
lich der Hauptſtifter der berüchtigten deutſchen
Union geweſen biſt.

Zu einem nöthigen Ueberfluße aller dieſer
Beweiſe theile ich hier nun b os nur noch die
mehrmalen verſprochenen noch übrigen Akten=

stüffe mit, welche den wahren innern Geist
der deutschen Union enthalten, und noch mehr,
als Alles bisher Gesagte, die überzeugendste
Evidenz geben, daß Niemand anderer, als
Illuminaten = Chefs, besonders Knigge, Va=
ter zu dem Kinde, deutsche Union genannt,
gewesen sind; und gewesen sein können:

M

XIII.

Geheimer Plan

der

deutschen Union

zur gemeinsamen Berathung für Diöcesane
und Vorsteher:

den übrigens nur die Diöcesane besizzen,
und den übrigen Mitgliedern in Versammlun=
gen mündlich und theilweise mittheilen, aber
nicht aus den Händen geben. Seine Aus=
führung findet dann erst statt, wenn die Union
Konsistenz hat.

I.

Uebersicht.

1) Die Union ist eine stille Verbindung des
schreibenden und lesenden Publikums, deren

letzter Zwek ein Geheimniß bleibt für die Brüder des dritten Grades.

2) Sie kann und wird noch zu hunderttausenden anwachsen.

3) Sie besteht aus Mesopoliten, Diöcesanen, Vorstehern und Mitgliedern. *)

4) Sie hat ihren Fond, ihre jährlichen Einkünfte, ihre Ausgaben, ihre Komtoirs, ihr Archiv, ihre jährlichen Versammlungen, ihre Statuten, ihre eigene Art von Korrespondenz durch ganz Europa, **) ihr großes Unionhaus, wo der Mittelpunkt ist, in welchem sich alle Wirkungen der Gesellschaft konzentriren.

M 2

---

*) Gerade wie der Illuminäten - Orden aus Regenten, Priestern, schottischen Rittern und Minervalen.

**) Die Illuminaten unterhalten einen kostbaren, in alle Welt sich erstrekkenden Briefwechsel und Zusammenhang. Neueste Arbeiten des Spartacus und Philo S. 13.

II.

Hauptzwekke der Union.

Die Hauptzwekke der Union sind:

a) „ Vervollkommnung der Wissenschaf=
„ ten, der Künste, des Kommerzes ꝛc.
„ insonderheit der Volksreligion. *)

*) Die Vorschrift der Illuminaten ist:
„ Macht die Vernunft zur Religion,
„ ändert aber dabei nicht auf einmal
„ die ganze Welt; ändert zuerst die,
„ welche euch die nächsten sind, und wenn
„ jeder seinen Nächsten ändert, so wer=
„ den Alle geändert. “ Ferner: „ Zwek
„ ächter (illuminatischer) Freimaurerei ist
„ also: durch thätiges Christenthum, durch
„ die Verbreitung der Lehre Jesu, und
„ durch Aufklärung der Vernunft, die
„ Menschen zu ihrer Freiheit fähig
„ zu machen. “ Neueste Arb. d. Sp. u.
Ph. S. 50. 65. Man könnte mehr als
fünfzig Stellen anführen, wo die Illumi=

b) „ Die Verbesserung der Erziehung und
„ Unterstüzzung guter Erziehungsan=
„ stalten.

c) „ Hervorziehung gemeinnüzziger Talente
„ von aller Art.

d) „ Belohnung entschiedener Verdienste.

e) „ Versorgung verdienstvoller Men=
„ schen im Alter und Unglük.

f) „ Versorgung von Mitgliedern der
„ Union hinterlassener bedürfender
„ Wittwen und Waisen.

Die allgemeinen Mittel dazu sind:

a) „ Gemeinschaftliches Wirken durch Rath,
„ Empfehlung und Hilfe.

b) „ Unterricht in Schriften.

c) „ Hinlängliche Geldsummen.

––––––

naten Vervollkommnung (nämlich Vernich=
tung der positiven) Religion als ihren
Zwek aufstellen. Die jezt weiter folgenden
Zwekke findet man in allen ihren In=
struktionen.

III.

Mitglieder der Union.

1) „Mitglieder der Union können alle Men=
„ schen werden, welche Aufklärung und Recht=
„ schaffenheit lieben, ohne Unterschied des
„ Standes und der äusserlichen Religion. *)

*) Vollkommen wie bei den Illuminaten. —
Ich sehe mich genöthigt, nun einmal für
allemal zu erinnern, daß ich weiterhin nur
wenige Paralellstellen als Anmerkungen
beifügen kann, ohne den Text gar zu sehr
zu überhäufen. Wer die Schriften der
Illuminaten selbst besizt, kann sich Period
nach Period die Vergleichungen selbst ma=
chen; und wer sie nicht besizt, hat im
Verfolg dieser Schrift schon Data genug
gefurden, um sich über den homogenen
Geist zwischen Illuminatismus und deut=
scher Union hinlänglich zu orientiren.

2) „ Alle Mitglieder sind in drei Klassen
„ abgetheilt.

1) Aldermänner.

2) Männer.

3) Jünglinge.

„ Aus den Aldermännern und Männern
„ werden die Mesopoliten, Diöcesanen und
„ Vorsteher gewählt. Man verstehet unter

a) „ Mesopoliten theils die Zentralge=
„ schäftsträger, nämlich die Direkto=
„ ren der Oekonomie, der Korrespon=
„ denz, und des Rechnungswesens,
„ nebst den Komtoirbedienten und Se=
„ kretairs im Unionhause, theils die=
„ jenigen verdienstvollen Menschen, die
„ im Alter oder Unglük im Unionhause
„ aufgenommen worden, und bei einer
„ hinlänglichen Pension (welche sich nach)
„ Proportion auf 1500 Thaler belau=
„ fen kann) ihr Leben beschließen Die
„ leztern Geschäfte sind Beiträge zum
„ Unionsintelligenzblatt, und kontem=
„ plative Bearbeitung eines selbst ge=
„ wählten nüzlichen Faches aus Wissen=
„ schaften oder Künsten.

b) „Diöcesane heißen diejenigen, welche
„ das oberhäuptliche Kollegium ausma-
„ chen, welche in den verschiedenen Pro-
„ vinzen das Centrum der Korrespondenz
„ und Geschäfte sind, und mit den Union-
„ hause unmittelbar in Korrespondenz
„ stehen, und die für Porto, Schreibe-
„ materialien und Bezahlung eines Hel-
„ fers (Sekretairs) und Mühwaltung
„ die Hälfte des Kostenbeitrags - Tha-
„ lers genießen. Dies müssen Männer
„ von Ansehen und anerkannten Werthe
„ seyn.

c) „Vorsteher heißen die Brüder, wel-
„ che mit den Diöcesanen korrespondiren,
„ die Brüderschaft ihres Orts versam-
„ meln, die Angelegenheiten besorgen,
„ ihr die Nachrichten aus dem Centrum
„ und Diöcesanschaften mittheilen, alle
„ Briefe und Berichte annehmen und
„ versenden, die Lesegesellschaft diri-
„ giren, die Bücherverschreibungen be-
„ sorgen, es sey selbst, oder durch ei-
„ nen dazu angestellten schicklichen Mann,
„ der hernach Untervorsteher heißen

„ kann. Dazu können Männer aus al=
„ len Ständen gewählt werden.

d) „ Aldermänner sind die ältesten und
„ ersten Gelehrten und Künstler aus al=
„ len Fächern.

e) „ Männer sind alle übrige Gelehrte,
„ Künstler, Kaufleute, Soldaten, Hand=
„ werker c. die entweder in einem öf=
„ fentlichen Amte stehen, oder durch ih=
„ re Arbeiten ein entschiedenes Verdienst
„ haben.

f) „ Jünglinge sind alle die, welche noch
„ kein Amt oder entschiedenes Verdienst
„ haben, aber Talent und Anlage dazu
„ zeigen.

„ *Quaeritur:* Wer soll nun in der Union
„ unter die Aldermänner, und wer unter die
„ Männer und Jünglinge gezählt werden?
„ Antwort: Wenn die Union Konsistenz hat,
„ schicken alle Mitglieder ihre Stimmen ein,
„ und bestimmen die Aldermänner und Männer
„ mit eidlicher Bestärkung ihrer ehrlichen Ueber=

„ zeugung. Wer denn mehrere Stimmen zum
„ Aldermanne als zum Manne hat, ist Al=
„ dermann u. s. w. Diese Stimmensamm=
„ lung wird alle zwey Jahre wiederhohlt, so
„ daß Avancemens statt finden können.

„ Mesopoliten werden auf den Central=
„ synoden, und Vorsteher auf den Diöce=
„ sansynoden *) gewählt.

„ Diöcesane und Vorsteher sind solche
„ Beamte, welche alle Jahre wechseln kön=
„ nen, und die also jährlich auf den Syno=
„ den von neuem müssen gewählt, oder be=
„ stättiget, und eingesetzet werden.

---

*) Bey den Illuminaten heissen die Versamm=
lungen des Priestergrades gleichfalls Sino=
den. Im 3. S. der Instruktion wird ge=
sagt: „ Alle zerstreuten Presbiter einer
Provinz machen zusammen nur eine Sinode
aus. ”

IV.

Verpflichtungen aller Mitglieder.

1.) „Alle — schreibende und lesende —
„Mitglieder — müssen sich verbinden, das
„Unionsintelligenzblatt mitzuhalten, und des=
„sen Abgang zu befördern. Auch soll jeder
„sorgen, daß die Gesellschaft, die ein Blatt
„zusammen liest, nicht zu groß werde.

2.) „Jeder ist verbunden, aller Orten
„die Errichtung der Lesegesellschaften und
„Kommunbibliotheken zu empfehlen und zu
„befördern. Die Absicht dieses Gesetzes ist,
„theils das Bücherlesen, zu Gemeinmachung
„nützlicher Kenntnisse und Aufklärung,
„bis in die Hütten des Volks zu verbrei=

„ ten, *) theils den Abgang eines jeden gu-
„ ten Buchs, das sonst | oft, wegen der zu
„ geringen Anzahl einzelner Käufer (welches
„ der Fall bey mathematischen, arabischen u. d.
„ Büchern ist) gar nicht gedruckt werden
„ könnte, zu erleichtern.

3.) „ Jeder ist verbunden, zu jenen Haupt=
„ zwecken der Union mitzuwirken, und alle

---

*) Die Illuminaten sagen: „ Wer unter
Menschen eine allgemeine und dauerhafte
F r e i h e i t einzuführen gedenkt, der kläre
die Meisten auf. Aufklärung um Andre
wieder aufzuklären, giebt F r e i h e i t.
Der Weg, die Aufklärung allgemein zu
machen, ist nicht, mit der ganzen Welt
auf einmal anzufangen; fang erst mit dir
an, dann wende dich an deinen Nächsten,
und ihr Beide klärt einen Dritten und Vier=
ten auf, die sich so lange weiter verbreiten
werden, bis die Zahl und Stärke die M a ch t
geben. Wer also allgemeine Aufklärung
verbreitet, verschafft zugleich eben dadurch
allgemeine wechselseitige Sicherheit, und
allgemeine Aufklärung und Sicherheit ma=
chen Fürsten und Staaten entbehrlich.
Oder w o z u braucht man sie sodann? ”
a. a. O. S. 46. 48.

„ die Mittel zu unterstützen, welche die Union
„ durch gemeinsame Ueberlegung veranstalten
„ wird.

4.) „ Jeder muß sich bey seiner Aufnah=
„ me in die Union schriftlich verpflichten, daß
„ er sich nie einen Spott über Christus und
„ Christenthum (die Union duldet und ehret
„ übrigens jeden, auch den deklarirten recht=
„ schaffnen Naturalisten und Atheisten *)

*) Nun frage noch Jemand, ob es auch wirk=
lich Atheisten giebt? Aus dem ganzen Re=
ligions = Sisteme der Illuminaten erfährt
man übrigens, daß auch sie Atheismus und
Naturalismus vollkommen privilegiren, und
ihre Proseliten, die noch nicht als dekla=
rirte Naturalisten und Atheisten bey ihnen
eintreten, von Grad zu Grad immer mehr
dazu zu machen suchen. Cato (Zwak) ei=
ner der ersten Mitstifter des Illuminaten=
Ordens, stellt für denselben folgende Grund=
sätze auf: „ Ich glaube, daß es einer Ge=
„ sellschaft weniger nachtheilig sey, wenn
„ sich Mitglieder darinn befinden, welche
„ gar keinen Gott glauben, als die sich
„ einen erzürnten, rachgierigen u. s. w.
„ vorstellten " (denn diesen würden sie bey
ihren Schlechtigkeiten fürchten!) „ Atheis=

„ keine Verbreitung des Atheismus, keine
„ Intoleranz, keine grobe Beleidigung des
„ Wohlstandes und der guten Sitten ꝛc. er=
„ lauben, und allem dem, was diesen nie=
„ drigen Dingen Nahrung und Vorschub giebt,
„ entgegen arbeiten wolle.

5.) „ Jeder ist verbunden, jedes ihm be=
„ kannt werdende Talent und Verdienst zu
„ bemerken, und seinem nächsten Diöcesan
„ durch seinen Vorsteher davon Nachricht zu
„ geben; ferner jeden Menschen, der ihm wür=
„ dig scheint, der Bruderschaft seines Orts
„ zur Aufnahme vorzuschlagen, und ihn, wenn
„ er approbirt wird, anzuwerben, endlich auch
„ alle interessante politische und litterarische
„ Neuigkeiten, so wie alle Bemerkungen eines
„ Verdachts gegen die Redlichkeit und Treue

„ muß findet sein Vergnügen, seine einzige
„ Glückseligkeit im gesellschaftlichen Leben,
„ er wendet Alles an, darinn glückselig zu
„ seyn, und durch seine Verdienste Andern
„ zu nützen; und wenn auch nur Eigenlie=
„ be, um sich zu erheben, der Grund da=
„ zu ist, so kommt doch immer einiger Vor=
„ theil dabey dem Ganzen zu. ” Original=
schriften, 1. Th. S. 133. 134.

„ eines Mitgliedes, seinem Vorsteher auf das
„ schnellste anzuzeigen. *)

6.) „ Jeder verbindet sich, jeden mit ei=
„ ner Empfehlung der Union versehenden Rei=
„ senden (sofern seine Vermögensumstände es
„ erlauben) mit einer Mahlzeit zu versorgen.
„ Diese Unionische Hospitalität wird keinem
„ Mitgliede zur Last fallen, weil sie nur auf
„ die wenigen Reisenden sich erstrecken wird,
„ welche zur Explorirung besonderer Talente von
„ der Union mit Reisepässen versehen werden.

7.) „ Jeder ist verbunden, seinen Namen,
„ Herkunft, Wohnung, Alter und Addresse,
„ so wie alle nachherige Veränderungen seiner
„ Wohnung und Standes, seinem Vorsteher
„ anzuzeigen. **)

8.) „ Jeder, sobald er aufgenommen ist,
„ bekommt eine Nummer, unter welcher er

*) Vollkommen die nämliche Spionerie wie
bey den Illuminaten.

**) Die Illuminaten fordern bekanntlich das
Nämliche, wie oben durch Beispiele, z. B.
mit Bode, dargethan worden ist.

„ ins Archiv eingetragen wird, so wie jeder
„ Vorsteher einen Buchstaben erhält mit der
„ römischen Zahl seines Diöcesans. Diese rö=
„ mischen Zahlen, Buchstaben und Num=
„ mern sind dann statt der Namen; die in
„ Briefen sowohl als im Intelligenzblatt ge=
„ braucht werden, wenn an oder von einem
„ geschrieben wird. So heißt z. B. 4. C. X.
„ der Bruder unter dem und dem Vorsteher
„ aus dem und dem Diöcesanat. *)

9.) „ Jedes Mitglied giebt jährlich einen
„ Thaler Kostenbeitrag, davon die Hälfte sein
„ Diöcesan und die Hälfte das Centrum em=
„ pfängt.

10.) „ Jedes Mitglied verschreibt seine
„ Bücher von der Union, durch den Vorsteher
„ seines Orts.

*) Dies ist illuminatisches Raffinement,
  denn es war den Chefs nicht mehr hinläng=
  lich, nach dem Vorbild der strikten Obser=
  vanz nur die Namen zu verändern; sie er=
  fanden geheimere und räthselhaftere Chif=
  fern, denn dies diem docet.

Anmerkung.

„ Alle Bücherkäufer, die nicht von der
„ Union sind, müssen die Bücher, die sie von
„ der Union haben wollen, nach doppeltem
„ Preise bezahlen: und dieß wird, wenn ein=
„ mal die Union Konsistenz hat, in kurzem
„ der Fall bey allen guten Büchern seyn,
„ daß sie niemand um den einfachen Preis ha=
„ ben kann, wer nicht von der Union, oder
„ wenigstens ein Mitglied ihrer Lesegesell=
„ schaften ist.

R

V.

Besondere Verpflichtungen der schreibenden Mitglieder.

1) „Wer einmal Mitglied ist, verpflichtet
„ sich, so lange er seinen augenscheinlichen
„ Vortheil dabei findet, alle seine Schriften
„ durch die Geschäftsträger der Union *),
„ debütiren zu lassen.

2) „Jeder, der Fähigkeit dazu hat, ist
„ verbunden, jährlich einige Recensionen für
„ das Intelligenzblatt zu liefern, welche ihm
„ aus dem Centrum übertragen werden. Doch

*) Die sogenannten soliden und aufgeklärten
Buchhändler.

„ bat er das Recht, sich ein Buch zu ver=
„ bitten, und ein anderes dafür schiken zu
„ laſſen. Das Buch ſelbſt bleibt Eigenthum
„ des Recenſenten *).

VI.

Allgemeine Verhältniſſe der ſchrei=
benden Mitglieder.

---

1) „Alle ſchreibenden Mitglieder verkaufen
„ ihre Schriften durch die Geſchäftsträger
„ der Union, und bekommen die Verrechnung
„ des gemachten Debits vom Centrum.

N 2

*) Dieſe Einrichtungen beſtehen bei der Je=
naiſchen und Salzburaiſchen Litteratur=
Zeitung, welche durch das Centrum der
Illuminaten geſtiftet worden ſind und
durchgehends von Illuminaten geſchrieben
und dirigiret werden.

2) „ Ein Autor hat weiter nichts zu
„ thun, als seinem Vorsteher und Discesan,
„ die Vollendung seiner Schrift zu berichten,
„ und vorzuschreiben wie? das heißt, in
„ welchem Format, mit welcher Schrift,
„ auf was für Papier sein Werk gedrukt
„ werden soll; wie stark die Auflage, und
„ zu welchem Preise es verkauft werden soll.
„ Das Centrum macht alsdann die Anstalten
„ zur Vollziehung dieser Vorschriften, ohne
„ daß der Autor die geringste Mühe dabei
„ zu übernehmen nöthig hat.

3) „ Jede Schrift, welche die Union
„ debutirt, wird sogleich im Intelligenzblatt
„ bekannt gemacht, ohne Kosten des Ver=
„ fassers, und jedem Verschreibenden, sobald
„ sie fertig ist, durch seinen Vorsteher bro=
„ schirt zugeschikt. Der Gewinn davon
„ wird, drei Monat nach Vollendung des
„ Druks dem Verfasser mit einem Abzuge
„ von 25 Prozent zugestellt. Ist da die
„ Auflage noch nicht verkauft, so wird ihm
„ am Ende des folgendes Jahres (so lange
„ die Schrift ihren Gang behält) Rechnung
„ gethan, und das indessen weiter eingelau=

„ fene Verkaufgeld nach geschehenem Abzuge
„ der 25 Prozent abgeliefert.

4) „ Von jenen Prozent bekommt 13
„ die Unionskasse, für Korrespondenz, Be=
„ sorgung des Drucks und Versendung; 12
„ aber der Vorsteher, der an seinem Ort
„ den Bücherdebit besorgt, davon er wie=
„ derum seinem Diöcesan 2 abgibt.

5) „ Sonach beziehet der Autor, ohne
„ mehr Arbeit auf sich zu laden, als bisher,
„ dennoch ungleich mehr Gewinn von seinen
„ Schriften, nämlich gerade den vollen Ge=
„ winn, den sein Verleger sonst bezog,
„ ja er kann auf einen dreyfach grössern
„ Gewinn rechnen, als sein Buchhändler
„ hatte, 1) weil er nicht tauscht, sondern
„ baare Zahlung erhält; 2) weil durch die
„ schnelle und über alle Orte Deutschlands
„ sich erstrekende Bekanntmachung seiner
„ Schrift, und durch gewisse eigne Reitzun=
„ gen zum Bücherkaufen, welche die Union
„ dem Publikum geben wird, sein Publikum
„ dreymal grösser wird, als es bisher war,
„ da jetzt auch der beste Schriftsteller an un=

„ zähligen Orten gar nicht bekannt , in
„ manchen Gegenden auch durch feind=
„ selige Recensionen in Mißkredit gesetzt
„ wird *).

VII.

Besondere Verhältnisse.

---

1) „Alle vorgedachte Punkte betreffen alle
„ Autoren; aber dabei haben die Aldermän=
„ ner und Männer gewisse Vorzüge.

---

*) Alles dies ist weiter nichts, als ein er=
weitertes Detail der allbekannten Illumi=
naten = Vorschriften: „ Es muß dafür ge=
„sorgt werden, daß die Schriften unsrer
„Leute ausposaunt werden. — Ge=
„lehrte und Schriftsteller , welche den
„unsrigen ähnliche Grundsätze lehren,
„soll man zu gewinnen suchen, oder sie —
„verschreien!“

2) „ Jünglinge müssen für die ganzen
„ Drukkosten stehen, und wenn das Archiv-
„ komtoir Bedenklichkeit hat, hinlängliche
„ Bürgschaft stellen. Männer hingegen be-
„ zahlen die Hälfte des Schadens nur, wenn
„ das Buch liegen bleibt. Aldermänner
„ sind gar nichts schuldig, wenn auch das
„ Buch sich gar nicht verkaufte.

3) „ Die Schriften der Männer aber
„ können, (so wenig als die Schriften der
„ Aldermänner) theils ihrer innern Güte
„ wegen, theils deswegen nicht Schaden lei-
„ den, weil alle grössere Unionsbibliothe-
„ ken, deren es in Deutschland bald über
„ 400 *) geben wird, gehalten sind, ein

*) Ganz natürlich! Die Illuminaten haben
nicht nur allenthalben öffentliche Lesegesellschaften zum Bedarf des großen Publikums errichtet, sondern auch den meisten
deutschen Freimaurer-Logen solche Biblio-
theken aufgedrungen; und da muß Alles,
was von ihrer Clique ausgeht, unverweilt
angeschafft, und Alles, was nicht von ihnen
kommt, allgemein verschrieen, verlästert,
aus den Buchläden vertilgt, und, was am

„ Exemplar zu nehmen. Und schon von die-
„ sen 400 Exemplarien hat der Schriftsteller
„ 85 Rthl. Gewinn vom Alphabeth. Da-
„ her er von 600, 185 Thaler von 1000,
„ 285, und sofort rechnen darf — wenn
„ er auch das Alphabet nur zu 12 Groschen
„ verkaufen will, und jeden Bogen zu 1000
„ Auflage mit 5 Thalern bezahlt hat. Es
„ kann aber, zumal bei Büchern, die an sich
„ ein kleines Publikum haben, wie z. B.
„ astronomische, das Alphabeth gar füglich
„ für 16 Groschen, oder auch wohl einen
„ Thaler angeschlagen werden. Wobei im-
„ mer nur auf die, nur durch die Unions-
„ zeitung mögliche, sich in allen Winkeln
„ Deutschlands schnell verbreitende Bekannt-
„ machung der Bücher Rüksicht zu nehmen
„ ist, dadurch die Zahl der Käufer sich un-
„ gleich vergrössert.

4) „ Jener Gewinn, den die Union
„ ihren schreibenden Mitgliedern verspricht,

konsequentesten ist, durch mitverschworne
Censoren in die Rubrik verbotner Bücher
gesetzet werden.

„ versteht sich nur von eigenen Arbeiten.
„ Ist's blosse Uebersetzung, so bezieht der
„ Verfasser nur 70 Procent, wenn er Al-
„ dermann ist, die Kasse 18, und der Vor-
„ steher 12. Der Mann aber erhält nur
„ 60, und der Jüngling 50, so daß der
„ Versteher seine 15, die Unionskasse aber
„ in jenem Falle 25, in diesem 35 Procent
„ genießt. Doch macht dieß eine Ausnahme,
„ wenn der Uebersetzer eigene Arbeit durch
„ Anmerkungen, Berichtigungen 2c. hinzu-
„ thut. Da hat der Aldermann den vollen
„ Gewinn, oder 75 der Mann 70, der Jüng-
„ ling 60 Prozent.

5) „ Wenn der Jüngling seine Hand-
„ schrift, ehe er sie drukken läßt, drey Al-
„ dermännern giebt, und deren schriftliches
„ Zeugniß vom Werth seiner Arbeit ein-
„ schikt, so wird solches im Intelligenzblatt
„ mit gemeldet, und das kann ihn für
„ das Liegenbleiben seines Buchs hinlänglich
„ sichern. Auch soll er in dem Falle den
„ Vortheil genießen, daß die grossen Lesebi-
„ bliotheken das Buch nehmen müssen.

VIII.

Das Zentrum.

1) „Das Zentrum ist im Unionhauſe, „ deſſen Ort ein Geheimniß der Brüder des „ dritten Grades bleibt *).

2) „ Es beſtehet aus folgenden Per= „ ſonen.

a) „ Der Archivdireftor, welches ein „ Gelehrter von Range ſein muß. Die=

*) Denn da reſidiren die erlauchten Obern der Illuminaten, deren Führung ſich ſämmtliche Maulthiere ohne Willfuhr überlaſſen müſſen. S. Neueſte Arb. d. Sp. u. Ph. S. 71,

„ fer führt die Aufsicht über die Sub=
„ alternen, sorgt, daß keine Geschäfte
„ liegen bleiben, erbricht und liest alle
„ Briefe, giebt die Ordres an die Se=
„ kretärs zur Expedition, führt die
„ Korrespondenz mit den Buchdrukern,
„ besorgt den Einkauf der Papiere, die
„ Versendung der Schriftsteller= Gelder,
„ und hat die Verwahrung der Kassen.
„ Er vollzieht auch alle von der Union
„ beliebte Ausgaben, und legt alle
„ Jahre in der öffentlichen Versamm=
„ lung Rechnung ab. Endlich hat er
„ auch in den Versammlungen die Vor=
„ träge zu verlesen, und die Stim=
„ menbücher zu sammeln, hat 1000
„ Thaler Besoldung *).

b) „ Der Oekonomiedirektor hat 600
„ Thaler.

*) Und diese Besoldung, so wie die folgen=
den, zahlt das Publikum durch seinen
fleissigen und getreuen Ankauf aller Skar=
teken der illuminatischen Aufklärerei!

c) „Der Rechnungsrevisionsdirektor hat
„ 600 Thaler.

NB. „Diese 3 nebst 3 Mesopoliten vom
„ ersten Range haben jeder einen Schlü=
„ ßel zu einem besondern Schlosse der
„ sechsfach verschlossenen Kasse, so daß
„ Sonnabends alle sechs zusammen ge=
„ hen, die Ausgaben besorgen, und die
„ Kasse wieder schließen.

d) „Der Buchhalter führt nach doppel=
„ ter Buchhaltung Rechnung über alles,
„ und trägt jeden Kreditor und Debitor
„ an seinen Ort, nach Maßgabe der Ex=
„ peditionsbücher. Hat 500 Thaler Be=
„ soldung.

e) „Der erste Sekretär besorgt das
„ Unionsintelligenzblatt, d. h. er schreibt,
„ unter Aufsicht und Revision eines ge=
„ lehrten Mesopoliten die politischen Ar=
„ tikel aus den eingelaufenen Briefen zu=
„ sammen, schreibt die ihm vom Archi=
„ var mitgetheilten Avis und Antworten
„ an die zu benachrichtigenden Mitglieder
„ unter ihre Rubriken, sammlet die ein=

„ gehenden Recensionen und Auszüge,
„ und besorgt die strengst möglichste Kor=
„ rektur. Hat 400 Thaler Besoldung.

f) „ Der zweyte Sekretär trägt aus
„ allen vom Archivdirektor erbrochenen
„ Briefen die darinnen enthaltenen Ver=
„ schreibungen in die Kommissionsbücher
„ ein, und theilt dem dritten und vier=
„ ten Sekretär ihre Arbeiten zu. Hat
„ 300 Thaler Besoldung.

g) „ Der dritte und vierte Sekretär be=
„ sorgen nach Vorschrift der Kommissions=
„ bücher die Versendungen an die Diö=
„ cesanate, doch so, daß die Verschrei=
„ bungen eines jeden Vorstehers für den=
„ selben besonders gepakt und addressirt,
„ auch, wenn ein Vorsteher näher liegt,
„ als der Diöcesan, ihm besonders zu=
„ geschikt werden.

„ Alle diese Expeditionen werden in die
„ Expeditionsbücher eingetragen. Alles wird,
„ wie oben gemeldet, brochirt versendet, da=
„ mit den Klagen über Defektbogen ausge=
„ wichen werde. Jeder hat 200 Thaler.

h) „Ihr Helfer iſt der Pakknecht, hat
„100 Thaler. *)

„Alle dieſe Perſonen des Archivkomtoirs
„ werden in der erſten Synode mit den nö=
„ thigen Inſtruktionen verſehen, und darauf
„ in Eid und Pflicht genommen.

„ Im Archivkomtoir iſt 1) das groſſe
„ Buch, wo alle Namen aller Mitglieder
„ nach ihren Numern eingeſchrieben ſtehen,
„ und wo aus dem Protokolle der Unions=
„ verſammlungen alle abgeurtelte Verdienſte
„ und zuerkannte Belohnungen vom Archivdi=
„ rektor zu jedem Namen beigeſchrieben wer=
„ den; 2) der Sammelplatz aller einlaufen=

*) Dieſe ſämmtlichen Beſoldungen betragen
allein die Summe von 3900 Thalern! Und
wo bleiben erſt die ungeheuern Summen
für Druk und Papier, der Gewinnſt für
die Schriftſteller, für die Diöceſane, das
Unionhaus?? Und dies Alles zahlt das
geneigte deutſche Publikum für ſeine ſchö=
ne Aufklärung, und zum Behuf ſeiner
künftigen Revolutionen! — Kann man da
wohl oft genug ausruffen: o Blindheit!

„ den Briefe von allen Komtoiren; 3) die
„ Protokoll und Stimmenbücher der Central=
„ synoden; 4) die abgebrukten Manuskripte
„ der Autoren.

IX.

Diöcesankomtoire mit ihren Vor=
stehern.

---

1) „ In jeder Provinz ist eine Diöcesan=
„ schaft, und in jeder Diöcesanschaft ist ein
„ Lager aller Schriften, die durch die Union
„ debütirt werden, dessen Größe durch die
„ Größe der Provinz, und in der Folge durch
„ die Menge des Abgangs bestimmt wird.

2) „ Jedem dieser Komtoire wird eine
„ gewisse Diöces vorgeschrieben. Der Kom=
„ toirist heißt Diöcesan, welcher die in sei=

„ nem Kreise liegenden Orte, wo Vorsteher
„ sind, unter sich hat.

3) „ Der Vorsteher (dazu wir am lieb=
„ sten einen Buchhändler wählen möchten,
„ wenn einer an dem Orte sich befindet)
„ schikt seine Kommissionen und eingelaufe=
„ nen Berichte und Briefe an seinen Diö=
„ cesan ein, und der Diöcesan schikt sie her=
„ nach in natura zusammen ans Central=
„ komtoir.

4) „ Der Diöcesan hat von seinen eige=
„ nen Kommissionen (denn er hat an seinem
„ Orte zugleich den Bücherdebüt und die Le=
„ segesellschaft zu besorgen, und ist also zu=
„ gleich Vorsteher, es sei dann, daß er sich,
„ wegen überhäuften andrer Geschäfte, einen
„ Vorsteher wählen lassen, und dem das Ge=
„ schäft übertragen will — in welchem Falle
„ er jedoch 1) alle an die Diöcesanschaft ge=
„ langenden Briefe und Berichte selbst lesen,
„ und dann die Bücherkommissionen an den
„ Vorsteher abgeben muß; 2) über das Bü=
„ cherlager selbst Aufsicht behalten und dafür
„ haften muß) 10 Procent, und von allen

„ Kommiſſionen oder Verſchreibungen, wel=
„ che die Vorſteher ſeiner Diöces ſchiken,
„ zwey Procent.

5) „ Ein Vorſteher kann vollkommen
„ jedes andere Amt oder Metier bei ſeinem
„ Amte beibehalten. Denn er hat nichts zu
„ thun, als 1) daß er die einlaufenden Brie=
„ fe ſammle, und alle 8, oder 14 Tage an
„ ſeinen Diöceſan einſchikke ; 2) daß er die
„ empfangenen Gelder und Verſchreibungen
„ notire, um zu wiſſen, was die von ihm
„ Verſchreibenden von ihm zu fodern haben,
„ und was er der Unionskaſſe ſchuldig iſt ;
„ 3) daß er ſich alle eingelaufene und an
„ ſeine Intereſſenten abgegebene Briefe noti=
„ re, damit von ihm keiner etwas doppelt
„ fodere. Die Bücher und Pakete ſelbſt muß
„ jeder Käufer bei ihm abhohlen. Deswe=
„ gen wird im Intelligenzblatt Tag und Ort
„ des Abgangs jedes Pakets gemeldet, ſo
„ daß jeder Verſchreibende ohngefähr wiſſen
„ kann, wenn er ſeine verſchriebene Bücher,
„ Kupfer, Muſikalien ꝛc. abhohlen ſoll. So
„ iſts möglich, daß ein Vorſteher, auſſer
„ ſeinen ordentlichen Einkünften noch 150 bis

O

„ 400 Thaler Nebenverdienst von der Union
„ habe, so wie es ein Diöcesan auf 800 bis
„ 1000 Thaler bringen kann. *)

6) „ Die Vorsteher sollen ihren Sitz
„ allemal in einer Stadt haben.

7) „ An jedem Orte, so wie in den
„ umliegenden Dorfschaften, macht sich der
„ Vorsteher bekannt, ladet zur Lesegesellschaft
„ ein, und erbietet sich zu Bücherverschrei-
„ bungen.

8) „ Der Vorsteher läßt sich das Geld
„ gleich bei der Bestellung bezahlen, und
„ muß alle Stunden bereit sein, auf Ordre
„ des Centralkomtoirs seine Kasse einzusenden,
„ oder Assignationen zu honoriren.

9) „ Jeder Vorsteher unterschreibt jedem
„ Billet der Verschreibenden seinen Namen,
„ mit Beisatz des Namens oder der Chiffer
„ seiner Diöces.

*) Und dies zahlt abermals das geneigte
Publikum!

10) „ Einen unordentlichen Vorſteher
„ kann die Centraldirektion abſetzen. Ein
„ treuloſer wird noch beſonders in der
„ Unionsverſammlung verurtheilt, im Intelli-
„ genzblatt öffentlich genannt, und ſein Na-
„ me im groſſen Buche gelöſcht. *) Allen
„ Schaden, den dergleichen Perſonen thun,
„ trägt die Kaſſe, nie der Schriftſteller.

11) „ Die Verſendungskoſten bis zum
„ Diöceſan trägt der Autor; die weitern be-
„ rechnet jeder Vorſteher, und diſtribuirt die
„ Koſten jedes Pakets unter die Intereſſen-
„ ten, welche jeder bei Empfang ſeines ver-
„ ſchriebenen Buchs erſtatten muß. Dieſe
„ Verſendungskoſten ſind nach Verſchiedenheit
„ der Weite der Orte freilich verſchieden;
„ indeſſen wird doch, nach denen beſonders
„ zu machenden Einrichtungen, das Alphabet
„ nicht leicht über einen Groſchen und meiſt
„ darunter zu ſtehen kommen.

O 2

*) Die Leute halten, was das Geld be-
trift, doch auf gute Polizei.

12) „ Das Porto der Verschreibungs=
„ briefe trägt jeder Verschreibende bis zu sei=
„ nem Vorsteher. Hingegen was der Vor=
„ steher seinem Diöcesan schikt, bezahlt der
„ Diöcesan, — dafür hat er seine 2 Pro=
„ cent, und jährlich seine Hälfte von den
„ Kostenbeitragsthalern — und was die
„ Diöcesane ans Archivkomtoir schiken, trägt
„ das Archivkomtoir.

13) „ Alle Verschreibungen gehen durch
„ den Vorsteher an den Diöcesan, und jeder
„ Diöcesan meldet monatlich ans Centrum,
„ wie viel von seinem Lager abgegangen ist,
„ und wie viel er selbst und jeder Vorsteher
„ Geld eingenommen hat, damit das Cen=
„ trum stets den Authoren Rechnung ferti=
„ gen kann.

X.

Lesegesellschaften.

1) „ Diese sind von zweierlei Art: Grö-
„ ßere in Städten, und kleinere in Flekken
„ und Dörfern, *) welche keine Stadt
„ nahe genug haben.

*) Dies ist eine lehrreiche Entdekkung für
euch, ihr lieben deutschen Fürsten! Die
Steuern und Kontributionen, die ihr, des
allgemeinen Staatsbedarfs wegen, von
euern Unterthanen erheben müßt, nennen
die Illuminaten und Aufklärer Raub der
Despoten, sauern Schweiß, Schinde=
rey, Blut der Armuth u. s. w. Aber
was sie durch uns für ihre elenden und
infamen Skarteken, Volkszeitungen, Volks=
aufwiegeleien u. d. gl. dem Bürger und

2) „ Nur die Städtischen sind verbun-
„ den, die Schriften der Aldermänner, und
„ was von solchen als vorzüglich gut appro-
„ birt ist, zu nehmen. Sie haben folgende
„ Einrichtung:

a) „ Es wird ein Zimmer mitten in der
„ Stadt gemiethet (NB. in sehr grossen
„ Städten, wie in Berlin z. B. können
„ natürlicherweise zwei und mehrere sol-
„ che Gesellschaften und Kommunbiblio-
„ theken sein) wo die Bibliothek bestän-
„ dig ist.

b) „ Die Gesellschaft hat einen Direktor,
„ welches der Vorsteher des Orts ist, der
„ aber auch einen andern schiflichen Mann,
„ wenn er nicht das Geschäft selbst trei-
„ ben kann, dazu anstellen darf. Dieser
„ verschreibt die Bücher von der Union.

Bauer Thaler = und Groschenweise aus der
Tasche stehlen, um ihrer Liederlich-
keit desto bequemer pflegen zu können,
das nennen sie Tribut der Menschheit
und schuldigen Lohn für die sauern Arbeiten zu Beförderung der heiligen Freiheit und Gleichheit!

c) „Die Wahl der Bücher, die verschrie=
„ben werden sollen, kann vieren der ein=
„sichtsvollsten Mitglieder überlaſſen wer=
„den, welche wöchentlich mit dem Vor=
„steher ein = oder zweimal, wenn die
„Bibliothek geöfnet wird, zuſammen
„kommen, und nach Maaßgabe der zu=
„verläßigen Urtheile des Unionsintelli=
„genzblattes die Wahl vornehmen.

d) „ Die Errichtung der Bibliothek ge=
„schieht so: der Vorsteher läßt einen
„Zettel zur Unterschrift durch einen Bo=
„then von Haus zu Haus in der Stadt,
„und auf den nächsten Dörfern,
„die höchstens anderthalb Stunde im
„Umkreise liegen, herum tragen. Wer
„sich unterschreibt, zahlt dem Bothen
„für seinen Gang 2 Dreyer oder Kreu=
„zer. Auf diesem Zettel ladet der Vor=
„steher jeden, der sich aufschreiben will,
„ein, einen gewiſſen Tag ein Billet an
„ihn zu schikken, und darinn sich als
„Mitglied anzugeben.

e) „Die Bibliothek wird Mittwochs und

„Sonnabens von 2 bis 4 Uhr ge=
„öfnet.

f) „Alle Bücher, die noch nicht alle
„Mitglieder der Lesegesellschaft gehabt
„haben, dürfen nicht länger als von
„Mittwoch bis Sonnabend, oder von
„Sonnabend bis Mittwoch behalten
„werden.

g) „Jeder schreibt seinen Namen, und
„den Tag des Empfanges und Abgebens
„auf die Aussenseite der Brochirung.

h) „Ein Buch, das durch die Gesellschaft
„durch ist, heißt alt, und kann her=
„nach, bei dem zweitenmale, von dem,
„der sichs geben läßt, länger, als
„drei Tage behalten werden.

i) „Alle noch nicht altgeworbene Bücher
„müssen Mittwochs und Sonnabends
„vor 12 Uhr Mittags an den Vorsteher
„geschikt werden, der sie gleich an ih=
„ren Platz stellt, den die Numer er=
„fodert.

k) „ Alle Bücher werden aber vom Di-
„ rektor numerirt, und nach Numern,
„ (nicht nach Titeln) in den Katalog
„ eingetragen. Das Buch ist in Oktav.
„ Jede Numer hat ihre eigene Seite.
„ Auf diese leere Seite jeder Numer,
„ schreibt der Direktor den Namen des
„ Empfangenden, und streicht ihn bei
„ der Rückgabe wieder aus.

l) „ Kann der Vorsteher nicht da sein,
„ so bittet er einen Assessor, seine Stelle
„ zu vertreten.

m) „ Nachmittags kommt oder schikt je-
„ der, der ein Buch haben will, und
„ foderts. Wenn mehrere dasselbe Buch
„ verlangen, müssen sie losen.

n) „ Jedes Mitglied zahlt jährlich 3 Gul-
„ den. Man kann aber auch Mitglie-
„ der annehmen, die nur zwei Gulden
„ bezahlen, und welche dafür den Mit-
„ gliedern der ersten Klasse, bei For-
„ derungen ebendesselben Buchs, ohne
„ Loos, den Vorgang lassen müssen.

o) „ Der Vorsteher meldet jährlich die
„ Stärke seiner Lesegesellschaft an den
„ Diöcesan, und dieser an das Cen=
„ tralbirektorium.

p) „Wer einen Flek von Dinte, Fett oder
„ Koth macht, zahlt einen Groschen an
„ die Gesellschaftskasse, welche der Vor=
„ steher führt, und zu welcher die vier=
„ teljährigen Beiträge von 12 Groschen
„ gehören, und davon die Bibliothek
„ angekauft wird.

q) „ Jeder nachfolgende Leser zeichnet die
„ Flekke, die sein Vorgänger gemacht,
„ oder nicht aufgezeichnet hat, auf, und
„ der Vorsteher nebst den 4 Assessoren
„ entscheider im Fall des Streits. Bei
„ heftigem Streit wird die Sache ganz
„ aufgehoben, und keiner verliert.

r) „Wer ein Buch nach dem Ausspruche
„ obgedachter Richter verliert, oder
„ ganz verdirbt, oder durch Schmuz
„ unbrauchbar macht, muß es bezah=
„ len, und behält dafür das Buch.

3) „ Die Landlesegesellschaften (wenn
„ z. B. mehrere Flekken und Dörfer zu glei=
„ chem Entzwek sich zusammen thun) sind
„ nicht genöthigt, die Aldermännischen Schrif=
„ ten zu kaufen.

XI.

Unionsintelligenzblatt.

1) „ Dieß muß die respektabelste Zeitung
„ der Welt sein, die in Absicht auf Würde
„ des Ausdruks und Güte des Innhalts ori=
„ ginell ist.   Ihr Inhalt wird sein:

1) „ Politische Neuigkeiten aus allen
„ Welttheilen, dazu das Archivkomtoir eine
„ so vollkommene Korrespondenz unterhalten
„ muß, daß keine Zeitung so vollständig, so
„ rezent und unterhaltend gefunden werden
„ kann, als diese.   Wir nehmen aber nie
„ Parthei.

2) „Auszüge aus Schriften der Alber=
„männer, welche Plan und Eigenschaften des
„Buchs darstellen, und jeden Leser in den
„Stand sezen zu urtheilen, obs für ihn ist.
„Ein Albermann darf nie beurtheilend re=
„censirt werden. Wer es irgendwo thut,
„wird ausgestossen aus der Union *). Es
„ist dies das grosse Mittel, der seitherigen
„Kabale der Gelehrten ein Ende zu machen.
„Solche Auszüge dürfen auch nur selbst von
„Albermännern verfertiget werden.

3) „Recensionen — a) von Schriften
„der Männer, welche auch nur Albermän=
„ner fertigen, oder, dafern ein Mann sie
„macht, von einem Albermanne revidirt und
„verbürgt werden müssen; — b) von Schrif=
„ten der Jünglinge, welche Männer ma=
„chen; — endlich c) von ausländischen Bü=
„chern. Denn das Archivkomtoir hat überall
„seine Korrespondenten, durch welche es alle

---

*) Das ist stark genug! Darum sind auch
Knigges und Anderer schändlichste Schrif=
ten nie beurtheilend rezensirt, sondern ge=
radezu ausposaunt worden.

„ englifche, franzöfifche, itallänifche, fpani=
„ fche, norbifche zc. Probufte von einigem
„ Belang auf das fchleunigfte erhält. Solche
„ Bücher vertheilt der Archivar des Central=
„ komtoirs mit Zuziehung der im Unionhaufe
„ befindlichen Mefopoliten. Jeder Aldermann
„ ift jährlich zu zwei, und jeder Mann zu drei
„ Recenfionen verpflichtet. Was jeder dar=
„ über leiftet, wird ihm bezahlt: fo daß er
„ für jedes Alphabet, das er recenfirt, einen
„ Dukaten erhält, dann aber muß er das
„ Buch zurük geben, oder deffen Preiß fich
„ vom Honorarium abziehen laffen. Jüng=
„ linge recenfiren nie *).

---

*) Diefe Regel wär fo übel nicht. Aber bei
den meiften beftehenden Rezenfions = Jour=
nalen ift man davon abgegangen. Man
kennt fo manchen Illuminaten = Jungen,
der eigends als permanenter Hetzhund zur
Mishandlung diefes oder jenes Schriftftel=
lers angewiefen ift. Ich bin fchon einige=
mal folchen Jungen in die Zähne gefallen;
und überhaupt ift dies das Schikfal von
uns Allen, die wir in den Obfkuranten =
Orden gehören.

4) „Avertissements von Schriften, wel=
„ che die Autoren ankündigen.

5) „Notizen für die Mitglieder und Vor=
„ steher, z. B. daß ein Buch die Presse ver=
„ laſſen habe, — daß die und die Pakete für
„ den und den Vorſteher abgegangen ſind,
„ oder Antworten auf geſchehene Anfragen —
„ oder Quittungen für gezahlte Gelder. Ein
„ Weg, auf welchem viel Korreſpondenz er=
„ ſpart wird.

6) „Veränderungen und Sterbefälle al=
„ ler Perſonen, welche das Publikum intereſ=
„ ſiren.

7) „Merkwürdige Erzählungen von ſchö=
„ nen Handlungen, und Nachrichten von noch
„ unbekannten Talenten, neuen Erfindungen,
„ Fabrik= und Kunſtſachen u. d. m.

8) „Bekanntmachung von Anfragen,
„ Wünſchen, Preßaufgaben, welche von
„ Unionsmitgliedern ſind, ſie mögen ans Pub=
„ likum oder an einzelne Perſonen gerichtet
„ ſein, und — Antworten darauf.

2) „ Von dieser Zeitung werden wöchent-
„ lich drei Stük geliefert, so daß 156 Stük
„ einen Jahrgang machen, welcher einen Du-
„ katen koſtet: weil faſt jedes Stük in der
„ Folge einen Bogen betragen, und alſo der
„ Jahrgang 6 Alphabet ausmachen wird.

3) „ Was geheime Sachen der Union
„ betrift, wird mit einer Chiffersprache ge-
„ druft, dazu Diöcesane und Vorſteher den
„ Schlüſſel haben.

4) „ Die Intereſſenten und Leſegeſellſchaf-
„ ten müſſen ſich wegen der Verſendung der
„ Zeitung mit den Poſten abfinden.   Die Vor-
„ ſteher aber müſſen mit den übrigen Mitglie-
„ dern des Orts ſorgen, daß das Intelli-
„ genzblatt in allen Häuſern empfohlen und
„ gangbar gemacht werde, und daß inſon-
„ derheit kein Unionsmitglied gefunden werde,
„ welches die Zeitung nicht wenigſtens in Ge-
„ ſellſchaft mithält. Denn jemehr Leſer dieſes
„ Unionsintelligenzblattes, deſto höher der Bü-
„ cherdebit ſteigt: deſto mehr ſich das Pub-
„ likum eines jeden Autors, und der Ge-
„ winn der Kaſſe vermehrt.

5) „ Das Intelligenzblatt hat in Abſicht
„ auf alle Artikel im Unionhauſe, wo es ge-
„ druft wird, ſeine Cenſoren, welches Män-
„ ner von bekannter Rechtſchaffenheit, Ein-
„ ſicht und Delikateſſe ſein müſſen, und nichts
„ dulden dürfen, was den Wohlſtand oder
„ Perſonen beleidigt — verſieht ſich, was mit
„ Recht als Beleidigung angeſehen werden
„ kann. Dieſe Cenſoren haben unbeſchränkte
„ Gewalt, wegzuſtreichen, und zu ändern,
„ was ſie gut finden. Findet ſich jemand
„ einmal durch dieſe Cenſorſtrenge beleidigt,
„ ſo hat er das Recht, ſeine Erklärung ein-
„ zuſchiken. Dieſe wird wörtlich abgedruft.
„ Allemal, wenn ſie von einem Aldermann
„ iſt, von Jünglingen und Männern, wenn
„ ſie nicht zu lang iſt. Aldermännern darf
„ nicht wieder geantwortet werden. Gegen
„ Männer und Jünglinge aber iſt dem Cen-
„ ſor eine Antwort erlaubt. Aber dann muß
„ der Streit ein Ende haben. Wer ihn fort-
„ ſezt, wird aus der Union geſtoſſen.

6) „ Da ein ſo ſorgfältig bearbeitetes
„ Blatt gewiß in allen Gegenden, wo die
„ deutſche Sprache bekannt iſt, geleſen wer-

„ den wird, so ist begreiflich, wie erstaunend
„ groß das Publikum der Schriftsteller wird,
„ die ihre Bücher durch die Union debütiren.

XII.

Korrespondenzreglement.

1) „ Wer mit der Union korrespondiren will,
„ hat entweder die Absicht, das Archivkomtoir
„ von etwas zu benachrichtigen, oder über
„ etwas zu befragen, oder etwas von Bü-
„ chern, Fabrik- und Kunstsachen anzukündi-
„ gen, oder zu verschreiben, oder an einzelne
„ Glieder der Union etwas gelangen zu lassen.

2) „ In allen diesen Fällen bedient er
„ sich eines Zettels, der ein vorgeschriebe-
„ nes Format hat. Auf diesen Zettel schreibt
„ er, was er zu schreiben hat, kurz und le-
„ serlich, und sezt oben darüber die Chiffer
„ des Diöcesanats, oder den Namen desjeni-

P

„ gen, an welchen er etwas gelangen laſſen
„ will, und ſchift den Zettel (offen oder cou=
„ vertirt, gilt gleich) an ſeinen Vorſteher,
„ welcher ihn an Ort und Stelle beſorgt.

3) „Sobald die Union exiſtirt, ergehen
„ Formatmodelle von Pergament an alle
„ Diöceſane und Vorſteher, und jeder kauft
„ ſodann einen Vorrath feinen Papiers, läßt
„ daſſelbe nach dem erhaltenen Modelle legen
„ und beſchneiden, damit jedes Mitglied der
„ Union, das ſich bei ihm meldet, Papier
„ vom Unionsformat bei ihm kaufen kann.

4) „Doch über dieß alles bekommen Diö=
„ ceſane und Vorſteher noch beſondere gedrukte
„ Inſtruktionen, damit die ganze Maſchine
„ durch ihren pünktlichen Gang jedem Mit=
„ gliede Zufriedenheit und Vergnügen mache.

5) „Wer ſo viel zu ſchreiben hat, daß
„ er mehr als einen ſolchen Zettel nöthig hätte,
„ (z. B. ein Schriftſteller, der ſein Werk an=
„ kündigt, oder ſich zu Ueberſetzung eines
„ ausländiſchen Werkes erbietet) kann ſich
„ halber oder ganzer Bogen bedienen. Er

„ muß sie aber so brechen, daß jenes Format
„ doch beibehalten werde, und sonach sein
„ längerer Brief dennoch in dem nämlichen
„ Vorsteherkouvert fortlaufen könne.

XIII.

Unionhaus.

„ Dieß ist ein Gebäude, welches durch die
„ Gnade des 2c. — die Union besizt. Da-
„ selbst ist

1) „ Das Zentralkomtoir mit allen dazu
„ gehörigen Personen.

2) „ Die grosse Bibliothek der Union.

3) „ Vielleicht einst ein Nationalerzie-
„ hungshaus.

4) „ Der Versammlungssaal der Zentral-
„ synoden.

5) „ Die Wohnungen der Mesopoliten,

P 2

6) „ Wohnungen für Drukker und Buch=
„ binder.

„ Dieses Unionshaus wird einst der Sitz
„ der ersten Menschen der Nation sein: wie
„ nicht weniger das Vorrathshaus von den
„ Werken der Kunst.

XIV.

Unionsversammlungen.

1) „ Alle Jahre am Johannistage hält je=
„ der Diöcesan eine Synode , dazu jeder
„ Vorsteher eingeladen wird.

2) „ Vier Wochen aber vorher ergehen
„ aus dem Zentralkomtoir an die Diöcesane
„ Berichte von allem dem, was auf der Zen=
„ tralsynode vorgetragen werden soll.

3) „ Darüber wird in ter Diöcesansy=
„ node deliberirt und beschlossen. Der Ab=

„ ſchluß der Synode dient dann zur Inſtruk=
„ tion für den, der hernach auf die Zentral=
„ ſynode als Diöceſenatdeputirter reiſet,
„ welcher in die Diöceſanſynode gewählt wird.

4) „ Im Auguſt kommen die Diöceſa=
„ natdeputirten mit den Meſopoliten zuſam=
„ men, und halten Zentralſynode im Union=
„ hauſe, welche alles aburtelt, und ſadann
„ die Protokolle von den Abſchlüſſen an alle
„ Diöceſanſchaften verſendet.

5) „ Alle, welche zur Zentralſynode
„ kommen wollen, melden ſich, nach erhalte=
„ ner Inſtruktion von der Diöceſanſynode,
„ bei dem Zentral=omtoir, welches für Quar=
„ tier und Beköſtung ſorget, und die De=
„ putirten auf Koſten der Kaſſe frugal be=
„ wirthet.

„ Die Sitzungen geſchehen folgenderge=
„ ſtalt: Einer der Meſopoliten höhern Ran=
„ ges eröffnet die Verſammlung durch eine
„ Rede, an deren Ende alle verſammelte Mit=
„ glieder gebeten werden, alles, was jeder
„ der Union vorzutragen wünſcht, es ſei

„ Bitte, Empfehlung, Vorschlag, Anfragen,
„ oder Klagen — jedes einzeln — in einem
„ besonders rubrizirten schriftlichen Aufsazze
„ dem Archivkomtoirdirektor zu übergeben,
„ wobei er ermahnt, nichts Unerhebliches und
„ einer solchen Versammlung Unwürdiges ein=
„ zumischen. Der Archivar sammlet alsdann
„ alle diese Aufsäzze, ordnet sie mit dem,
„ was er selbst aus den Schlüssen seiner
„ Diöcesansynode vorzutragen hat, nach den
„ Materien zusammen und numerirt sie. Des
„ Nachmittags fängt er an, diese Aufsäzze,
„ so wie sie nach ihren Rubriken und Numern
„ folgen, abzulesen. Dieß dauert die fol=
„ genden Tage fort, bis alles abgelesen ist.
„ Jedes Mitglied bekommt vorher bei der
„ Mittagstafel ein Stimmenbuch in Quart
„ von weissem Schreibpapier, worin auf je=
„ der Seite 4 Numern stehen, und mit Li=
„ nien unterschieden sind, so daß für jede
„ Numer der vierte Theil einer Quartseite
„ Raum ist, um sein Votum dabei zu schrei=
„ ben. Diese Numern laufen bis 500 fort,
„ damit man sicher sei, daß die Zahl der
„ numerirten Aufsäzze die Zahl der Numern
„ in den Stimmenbüchern nicht übersteige.

„ Bei dem Ablesen der Aufsäzze nun giebt
„ der Direktor die Numern an, hält nach
„ Verlesung des Aufsazzes einige Augenblikke
„ innen, und jeder schreibt zur nämlichen
„ Numer seines Stimmenbuchs, wenn er
„ will, sein Votum, oder überschlägt die
„ Numer, wenn er dabei nichts zu notiren
„ hat, oder weiß: z. B. der Archivar liest:

„ Nro. 1. Titius, ein durch die und die
„ Versuche bekannt gewordener Tonkünstler,
„ wünscht zu reisen, und bittet um Reisepaß
„ zur Hospitalität und Geld.

a) Soll er den Reisepaß haben?

b) Soll er Geld haben?

c) Wie viel?

„ Nun schreibt jeder zu N. 1. seines
„ Stimmenbuchs z. B.

a) Ja.   a) Ja.

b) Nein.   oder   b) Ja.

c) Nichts   c) Hundert Thaler,
                       oder mehr.

„ Wenn alles verlesen ist, sammlet der
„ Archivar die Stimmenbücher. Alsdann
„ bittet der Mesopolit, der die Versammlung
„ eröffnete, zur Wahl des engern Aus=
„ schusses zu schreiten. Ehe dieses geschieht,
„ werden alle die, welche sich die Ehre, zum
„ engern Ausschuß zu kommen, verbitten,
„ (wenn es z. B ihre Zeit nicht gestattet,
„ sich länger aufzuhalten) erinnert, in der
„ Versammlung (z. E. durch Aufsezzung des
„ Huthes) ein Zeichen zu geben. Sobald
„ dieß Zeichen da ist, schreibt jeder der An=
„ wesenden auf einen Zettel 5 Namen, denen
„ er seine Stimme giebt. Der Direktor
„ sammlet dann diese Zettel, verlißt sie in
„ willkührlicher Reihe, daß niemand merken
„ kann, wessen Vota verlesen werden: und
„ der erste Sekretär schreibt jeden Namen auf,
„ und notirt mit einem Strich, wie oft der
„ Name abgelesen wird, und zulezt wird nach=
„ gesehen, welche Namen die meisten Stim=
„ men haben. Die fünf alsdann, welche
„ die meisten Stimmen haben, machen mit
„ den vorhandenen Mesopoliten den engern
„ Ausschuß, welcher ebenfalls auf Kosten
„ der Kasse einige Tage länger im Union=

„ hause versammlet bleibt, und alle Vor=
„ träge, mit Zuziehung der Stimmenbü=
„ cher, nach Mehrheit der Stimmen ent=
„ scheidet. Diese Entscheidungen sind dann
„ Schlüsse der ganzen Union, und werden
„ vollzogen.

7) „ Wollen Mitglieder, die nicht zum
„ engern Ausschluß gehören, noch da bleiben,
„ und den Sessionen auf ihre Kosten bei=
„ wohnen, so steht es ihnen frei, auch is's
„ erlaubt, den Versammelten durch Rath
„ und Vorstellung zu nuzzen. Sie haben
„ aber keine Stimme. Was die fünf mit
„ den Mesopoliten durch Mehrheit der Stim=
„ men entscheiden, gilt und wird in den Sy=
„ nodalaktis durch den Druk publizirt, und
„ an die Diöcesanschaften und Vorsteher ver=
„ sendet. Doch sollen zugleich die verworfe=
„ nen Räthe, Vorstellungen und Stimmen
„ mit ihren Gründen angehängt werden, da=
„ mit alle Mitglieder der Union von dem Werth
„ der siegenden Stimmen urtheilen können.

8) „ In diesen Unionsversammlungen
„ kommen folgende Gegenstände vor:

„ 1) Rechnungsablegung des Archi=
„ vars und des Buchhalters vor dem engen
„ Ausschusse.

„ 2) „ Verwendungen der vorräthigen
„ Gelder in der Kasse.

3) „ Beurtheilungen der Talente und
„ Verdienste, welche der Archivar aus den
„ eingelaufenen Nachrichten bekannt macht.

4) „ Wahlen der Mesopoliten und Pro=
„ motionen der Jünglinge zu Männern, und
„ der Männer zu Aldermännern.

5) „ Abwägungen schon bekannter Ver=
„ dienste. Es werden nämlich Verdienste er=
„ worben :

a) Durch Bücherankauf — wer z. B.
„ Parthien nimmt, und an Arme ver=
„ schenkt.

b) „ Durch Verfertigung guter Schriften.

c) „ Durch neue Entdekkungen , oder
„ wichtige Benuzzung alter Entdekkun=

„ gen in Künsten und Wissenschaften,
„ in der Kriegskunst, im Kommerze,
„ Färberei, Oekonomie u. b. m.

d) „ Durch Werke der Kunst und des
„ Fleißes.

e) „ Durch bekannt gewordene edle Hand-
„ lungen, besonders der Großmuth und
„ Wohlthätigkeit.

f) „ Durch Geschenke oder Stiftungen zu
„ Unterstüzzung der Endzwekke der
„ Union..

9) „ Die Belohnungen solcher Verdienste,
„ welche sind.

a) „ Anzeige des Verdienstes und des
„ Verdienten in den Blättern der Union,
„ und des von der Union ertheilten Lob-
„ spruchs: worinn es drei Stufen
„ giebt:

1) „ ihn schäzt die Union,

2) „ ihn ehrt die Union,

3) „ ihn verehrt die Union, welches die
„ höchste Stufe ist.

b) „ Unterstützung durch Empfehlung an
„ Fürsten und begüterte Freunde, Geld
„ oder Reisepässe zum Genuß der Unioni=
„ schen Hospitalität.

c) „ Aufhängung des Bildnisses des Ver=
„ dienten in der Gallerie des Erzie=
„ hungshauses.

d) „ Erhebung zur Würde eines Alder=
„ manns.

e) Eine Basis mit der gehauenen Statue
„ des Verdienten, welche in den Por=
„ ticibus des Unionhauses aufgestellt,
„ und nach dem Tode des Verdienten
„ mit einem Lorbeer bekränzt wird, der
„ von den Bewohnern des Unionhauses
„ mit gewisser Feierlichkeit alle Jahre
„ frisch aufgelegt werden muß.

10) Von der Union erbetene Vorschläge
„ zu Bedienungen. Denn die Union wird

„ſehr oft um Vorſchlagung würdiger Sub-
„jekte erſucht werden, weil ſie nach und
„nach die ſicherſte Bekanntſchaft mit jedem
„Verdienſte erlangen wird. Welcher wich-
„tige Einfluß aufs Beſte der Menſch-
„heit! Welche Menge von Freuden, die euch,
„Mitglieder der Union, Hervorziehung des
„Verdienſtes, und Verſorgung ſo manches
„brauchbaren Menſchen, neben der gewiſſen
„Hoffnung zu eigener Verſorgung und Hilfe
„im Alter oder Unglük, verſchaffen wird. *)

*) Ich habe dem nachdenkenden Leſer über
dieſen äuſſerſt weit ausſehenden und tief-
verwikkelten Plan der innern Organiſirung
der Union meine Anmerkungen nicht auf-
dringen wollen, denn ſie würden zu häufig
geworden ſein, und wer macht ſich bei
ſolchen Dingen nicht ſeine Anmerkungen
ſelbſt! — Aber darüber kann ich doch mein
öffentliches Erſtaunen nicht verbergen, daß
man zu Berlin und Potsdam bei dem
Bahrdtiſchen Prozeſſe auf dieſe Dinge gar
keine Rükſicht nahm; daß man dieſen Plänen, die doch zu den Akten gehörten, gar
nicht weiter auf die Spur gieng, daß man
nicht begreifen konnte, welche Entdekkun-

gen bei einer strengen und genauen Nach=
forschung aufzufinden gewesen sein müßten,
und daß man auf die schwaßhafte und so=
phistische Vertheidigung des Hrn. Nehmiz
den D. Bahrdt blos über sein Pasquill
gegen den König straffällig, oder die ganze
deutsche Union so unbedeutend fand, um
in dem Urtheil derselben gar nicht einmal
zu erwähnen. Dies ist ein sehr lehrrei=
ches Faktum für die Fürsten und die Gegner
geheimer Orden, besonders der Illumi=
naten, denn da sieht man, daß die stärk=
sten Anklagen und die überzeu ;endsten Be=
weisgründe selbst von beeidigten Gerichts=
stellen ignorirt. und die Beklagten sogar
von aller Verantwortlichkeit losgesprochen
zu werden pflegen. Die geheimen Orden
regieren offenbar die Welt!

XV.

Fond der Union.

„ Wenn die Union Konſiſtenz hat, und
„ wenn ſie dieſe hat, beſteht ſie wenigſtens
„ aus 6000 Mitgliedern: ſo wird erſtlich
„ eine Subſkription unter den Mitgliedern
„ eröffnet zu einem Don gratuit. Dieſe
„ Geſchenke, deren Größe ganz frei iſt, ſchikt
„ jeder an den Vorſteher, und meldet die
„ Summe zugleich dem Diöceſan. Alsdann
„ meldet der Diöceſan ihre Summe ans Zen-
„ trum und das Zentrum im Intelligenzblatt, ſo
„ daß die Sꝛimme der Geſchenke öffentlich kon-

„ trollirt werden kann. Diese Geschenke
„ sind der erste Fond, oder das Kapital,
„ womit das Zentrum anfängt den Buchhandel
„ zu betreiben, und insonderheit die Verlags=
„ kosten zu bestreiten: welches um so viel ge=
„ wisser hinreichend sein wird, da man zu=
„ zugleich 1) auf eine eigne Drukkerei im
„ Unionhause, 2) auf halbjährigen Kredit
„ bei den Drukkern, und 3) auf die sichere
„ Zahlung der Käufer, (S. oben K. 9.
„ §. 8.) und auf die daher entstehende
„ geschwinde Eingehung der Gelder — rech=
„ nen darf. „

XVI.

Einkünfte der Union.

„ Diese sind:

1) „ Dreizehn Prozent vom Gewinn
„ aller Schriftsteller, welche Mitglieder der
„ Union sind.

2) „ Zwanzig bis fünfzig von Ueberse-
„ zungen derselben.

3) Der gewiß ausserordentliche Gewinn
„ vom Intelligenzblatt, den man sich eini-
„ germassen vorstellen kann, wenn man nur
„ z. B. weiß, daß die Leipziger politische Zei-
„ tung allein 6000 Thaler Pacht giebt.

4) „ Der Gewinn von Ausgaben alter
„ Bücher, welche die Union veranstalten
„ wird.

Q

5) „ Der Gewinn vom Handel mit
„ ausländischen Büchern, und deren Ueber=
„ sezung, die die Union zuweilen blos für
„ die Kasse veranstalten wird.

6) „ Der Gewinn vom Handel mit
„ Kunstsachen.

7) „ Geschenke und Stiftungen der Mit=
„ glieder, welche man alsdann gewiß erwar=
„ ten darf, wenn man ihre weise und wohl=
„ thätige Verwendung mit Augen sehen wird.

XVII.

Ausgaben.

„Dahin gehören:

1) „Bezahlung der landesherrlichen Ab-
„ gaben im Zentrum.

2) „ Unterstüzung der Talente mit Geld.

3) „Besoldungen der Personen des Ar-
„ chivkomtoirs.

4) „Vertheilung nüzlicher Volksbücher
„ unter die Armen. *)

Q 2

*) Giebt es noch keine Propaganda und kei-
ne Emissäre der illuminatischen Aufklärung?
Und müssen sich die sogenannten Beförderer der guten Sache, welche Vermögen ha-

5) „ Pensionen verdienstvoller Menschen,
„ welches Standes oder Geschlechtes sie sein
„ mögen, im Alter oder Unglük, welche so

ben, nicht schämen, daß sie, den indu=
striosen Bemühungen der Illuminaten ge=
genüber, gar nichts für das Volk thun,
und daß sie es wohl bleiben lassen, gleich=
falls Associationen unter sich zu errichten;
um dem Volke die schlechte Aufklärung
wieder aus dem Kopfe zu bringen. Ich
habe im zweiten Theile meiner Erinnerun=
gen nachdrüklich genug über diesen Gegen=
stand gesprochen. Aber was wird es nü=
zen? Es ist Grundsaz der Illuminaten:
„ Das gemeine Volk muß aller Orten für
„ den Orden gewonnen werden" und sie
rühmen sich schon lange : „ was über Al=
„ les geht, das Volk und der gemeine
„ Mann ist in den Händen des Ordens."
(Neueste Arbeiten u. s. w. S. 139. 153.)
Und wie man aus allen Umständen wahr=
nimt, so wird den Illuminaten hierinn so=
gar Vorschub geleistet. Wenigstens thut
unser hoher Klerus gar nichts, um dies
zu hindern; und seine allererste Pflicht
und Klugheits=Regel wär doch
dies. Macht denn das Schiksal seiner
französischen Brüder no ch keinen Eindruk
auf ihn?

„ viel als möglich im Zentrum verzehrt wer-
„ den müssen.

6) „ Wohlthaten an rechtschaffene Arme,
„ und besonders Beyträge zum Unterhalt der
„ Wittwen und Waisen verdienter Männer.

7) „ Güterankauf vom Ueberschuß.

„ Alle diese Ausgaben bestimmt die Union
„ durch Mehrheit der Stimmen auf den Zen-
„ tralsynoden. Folglich sind jene grossen Ein-
„ künfte ein völliges Eigenthum der Union,
„ an welchem alle Mitglieder gleiche Rech-
„ te haben.

XVIII.

Vortheile der Gelehrten.

---

1) „Daß sie ohne Mühe und Verlags-
„ kosten allen Gewinn allein beziehen, und
„ zwar einen viel grössern, als ihre vorigen
„ Verleger je beziehen konnten.

2) „Daß sie eine grosse und im Stil-
„ len wirksame Macht bekommen, gros-
„ se Zweke zum Bsten der Menschheit aus-
„ zuführen. Wer hineinschaut ins Gan-
„ ze dieses Plans, wirds finden *).

3) „Daß er dem Alter und jedem Un-
„ glük mit Ruhe entgegen sehen kann.

---

*) Nur wer, der es eben sollte, schaut hin-
ein? Ich lege euch hier alle diese Pläne
vor. Werdet ihr wohl endlich hinein schau-
en wollen?

XIX.

Vortheile des Nichtgelehrten.

1) „Daß er nur gute und wohlfeile
„ Bücher zu lesen bekommt, (die er ausser
„ der Union doppelt bezahlen müßte) weil
„ elende Skribler jezt gar nicht mehr auftom=
„ men, und die Guten desto langsamer und
„ sorgfältiger ihre Schriften bearbeiten wer=
„ den, da ihr Gewinn grösser wird, und
„ nicht mehr vom Vielschreiben, sondern
„ vom Gutschreiben abhängt.

2) „Daß sie durch eine so grosse und
„ zahlreiche Verbrüderung Handlungs= und
„ Nahrungszugänge durch Unterstützung und
„ Empfehlung erhalten.

3) „ Daß sie auf alle Kap. 15 beschrie=
„ bene Belohnungen sowohl als Unterstü=
„ zungen im Alter oder Unglük für sich, ih=
„ re Kinder und Wittwen Anspruch haben —
„ der Kaufmann, der Oekonom, der Künst=
„ ler, der Soldat — so gut wie der Ge=
„ lehrte.

4) „ Endlich , daß sie — was dem
„ Edeldenkenden immer das größte sein muß
„ — zum Besten der Menschheit mit=
„ wirken.

XX.

Vortheile der Menschheit.

„ Sind Steigen der Wissenschaften —
„ allgemeines Interesse für Künste und Lit-
„ teratur — Aufmunterung der Talente —
„ Minderung der Vielschreiberei — Toleranz
„ — Freiheit — Kindererziehung — Ho-
„ spitalität — Rettung manches Unglükli-
„ chen — brüderliche Eintracht der Gelehr-
„ ten — allgemeine Beförderung der Liebe —
„ und zulezt vielleicht *) —, —
„ — — Amen!

*) Was zulezt? ? ? der Plan verschweigt
dies noch. Aber wer mit geübtem Auge
hineinschaut, der weiß dieses Zulezt zu
entziffern. — Frankreich! ! ! Amerika! ! !

XXI.

Receptionen.

„ Die Aufnahme in die Union bleibt in
„ ihrer erſten Epoche, wo bloß für Wer=
„ bung und Ausbreitung gearbeitet wird ,
„ wie ſie in dem vorläufigen Plane angege=
„ ben iſt.

„ Künftig, wenn die zweite Epoche be=
„ ginnt, wo die Union Konſiſtenz hat , und
„ in ihre eigentliche, hier im geheimen Plane
„ beſchriebene Aktivität kommt, wird eine
„ ganz andere Art von Aufnahme be=
„ kannt gemacht werden, welche die Union
„ vor aller Gefahr ſichern wird, die durch
„ falſche Brüder ihr zugezogen werden könnte.

XXII.

Geheimster Operationsplan, *)

den die Diöcesane noch zur Zeit ganz
für sich behalten, und auch nicht
mündlich mittheilen dürfen.

"Sobald die Union vollendet ist, und in
"volle Wirksamkeit gesezt werden kann, wird
"im Zentro (welches sich in N. N. befin=

*) Diesen bitte ich nun alle Leser mit der
möglichsten Aufmerksamkeit zu überdenken;
am dringendsten aber erbitte ich mir dies
von den Freimaurern und Rosenkreuzern
sämmtlicher deutscher Nation.

„ det) eine Synode gehalten, zu welcher die
„ einsichtsvollsten und bewährtesten Brüder
„ eingeladen werden. In dieser Synode
„ wird der geheime und geheimste Operations=
„ plan, nach dem die zu dessen Vervollkom=
„ mung eingesandten Vorschläge benuzt wer=
„ den, nochmals untersucht, und, nach ge=
„ endigter Deliberation, von den Versam=
„ melten beeidigt, unterschrieben, untersie=
„ gelt, und so — bestätigt.

•   „ Dann gehen Reisende aus mit Voll=
„ macht und Instruktion, welche die ganze
„ Synode unterschrieben und untersiegelt hat,
„ **um die ganze Union in Maure=**
„ **rei zu verwandeln.**

Anmerkung.

„ Wer Menschenkenner ist, wird dazu
„ den Grund leicht finden. Denn ob wir
„ gleich in der Union das Wesen ächter
„ Maurerei und die Quintessenz haben, und
„ — Ritual, als das Akzidentelle entbeh=
„ ren könnten, so ist es doch unleugbares
„ Bedürfniß für den größten Theil der Men=

„ schen, daß ihre Phantasie zugleich beschäf=
„ tigt, angespannt und unterhalten werde.
„ Nur wenige sind so reine Vernunftmenschen,
„ daß sie bei dem, was ihnen ihre Vernunft
„ als wahr, schön und edel vorstellt, lange
„ ausdauern, und mit stets gleicher Wärme
„ wirksam sein könnten. Bei den meisten
„ erkaltet der Eifer bei der bloßen Betrach=
„ tung, wenn er nicht durch etwas Täuschung
„ der Phantasie immer von neuem ange=
„ frischt wird. Wenn also die Union beste=
„ hen, und unter so viel tausend Menschen,
„ aus denen diese große Maschine zusammen
„ gesezt ist, immer Lust und Wärme erhal=
„ ten werden soll, so muß etwas mehr da
„ sein, als Objekt der Vernunft. Es muß
„ theils etwas sinnlich Rührendes für sie
„ aufgestellt, theils für die Phantasie eine
„ gewisse interessante Aussicht in einst zu
„ erfahrende Geheimnisse, Begebenheiten
„ und Vortheile eröffnet werden. Diese Sinn=
„ lichkeit ist gleichsam das Oel, welches das
„ Räderwerk im Gange erhält. Es ist also
„ für die Union von der äussersten Wichtig=
„ keit, sie mit den Formalitäten der

„ Maurerei auf eine anſtändige und wür=
„ dige Art zu verbinden. Alſo —

„ Aller Orten, wo Brüder ſind, er=
„ ſcheint der Reiſende mit geheimnißvollem
„ Tone und Anſtand, verſammlet die Brüder,
„ eröffnet feierlich die Sitzung mit Gebet,
„ ſpricht von dieſer Epoche als einer Zeit,
„ welche die Vorſehung ſich erſehen habe, der
„ Menſchheit eine neue Geſtalt zu
„ geben, ſpricht von groſſen bevorſte=
„ henden Revolutionen, von glüklichen
„ Ausſichten, von einem erhabenen Ziele, zu
„ welchem nur der Weiſe und Tugendhafte
„ gelangen könne, und ermahnt die Brüder
„ zum eifrigſten Beſtreben nach Weisheit und
„ Unbeſcholtenheit des Wandels. Er ent=
„ dekt hiernächſt, daß die Geſellſchaft, deut=
„ ſche Union genannt, geſchloſſen ſei, und
„ daß die beſten Mitglieder derſelben ſich izt
„ vereiniget hätten, in eine Maureriſche
„ Verbindung zu treten, welche die er=
„ habenſten Zwekke durch weit vollkomme=
„ nere Mittel, und nach einem weit voll=
„ kommnern Plan zu erreichen im Stande ſei.
„ Endlich erklärt er, daß die den Brüdern

„ erreichbare Glükseligkeit den Profanen
„ gänzlich versagt sei, und daß die Brü=
„ der zu dem grossen Ziele nicht anders ge=
„ langen können, als wenn sie einen engern
„ Zirkel unter sich schlössen, und in gehei=
„ men Versammlungen sich gehörig vorberei=
„ teten.

„ Vorher muß der Reisende einen er=
„ wählten Bruder, welcher ein heller Kopf
„ und ein rechtschaffener Mann ist, schon
„ vorher privatim besprochen haben, damit er
„ ihn nach jener Rede, mit einer gewissen
„ Feierlichkeit zum Meister vom Stuhle ein=
„ weihen, und ihm eine auf Pergament ge=
„ schriebene Constitution einhändigen kann.

„ Darauf verabschiedet er die Brüder,
„ mit der Ermahnung, der Loge fleißig
„ und mit Anstand beizuwohnen, und giebt
„ hernach dem konstituirten Meister: 1) das
„ einzuführende Ritual; 2) das Gesetzbuch,
„ und — wenn dieser nicht selbst Kenntnisse
„ genug besizt, 3) eine Sammlung von Lo=
„ genreden, mit denen er die Brüder künf=
„ tig in den Versammlungen unterhalten kann,

„ und welche so eingerichtet sein müssen, daß
„ die Aufklärung der Brüder stufenweise
„ bewirkt werde.‟

„ Sonach entstehen durch die Reisenden
„ in Deutschland mehrere tausend Lo=
„ gen, die alle ein Band zusammen hält.
„ Logen, welche von Vorstehern regiert wer=
„ den, heißen Tochterlogen. An Orten, wo
„ ein Diöcesan ist, erwachsen Mutterlogen.

„ Alle Logen haben nicht mehr als drei
„ Grade, zu welchen nur langsam fortge=
„ stiegen werden kann.‟

„ Das Ritual ist:

„ 1) im schönsten Lichte I H S an der
„ Wand, im Rükken des Meisters, von
„ kleinen brennenden Lampen gebildet.

„ 2) Ein Tisch vor dem Meister, wor=
„ auf ein Todtenkopf stehet, aus welchem
„ Rosen oder andere Blumen hervor blühen,
„ als das Symboll der Unsterblichkeit.

„ 3) Vor dem' Todtenkopf ein Teller
„ mit Brod und Wein.

„ Es ist das ganz alte Ritual (NB.!!!)

„ Die Loge kann, wie gewöhnlich, mit
„ dem Hammer eröffnet werden. Dann spricht
„ der Meister ein Gebeth, und hält oder
„ liest eine Rede von obgedachtem Inhalt.
„ Ist er der Mann nicht dazu, so veranlaßt
„ er eine Wahl eines Bruders, der Red-
„ nergaben hat, weil hier erstaunend viel
„ auf Feierlichkeit in der Deklamation und
„ Pantomime ankommt. Wenn dieß vorbei
„ ist, giebt der Meister Erlaubniß zu spre-
„ chen, und jeder Bruder kann dann anzei-
„ gen, was er Merkwürdiges gesehen und
„ gehört hat, und was eines Berichts an
„ die Mutterloge würdig wäre. Auch theilt
„ der Meister Nachrichten mit aus den Brie-
„ fen des Diözesans, von Vortheilen, Pen-
„ sionen, Unterstützungen ꝛc. welche Brüder
„ an andern Orten, oder deren Wittwen und
„ Kinder erhalten haben. Das giebt dann
„ eine anständige Gesprächsunterhaltung ꝛ
R

„ bis es dem Meister beliebt, die Loge zu
„ schließen.

„ Der Meister hat als Vorsteher an sei=
„ nem Orte zugleich die Lesebibliothek zu
„ besorgen, er thue es selbst, oder durch
„ einen andern dazu schiklichen Mann, so wie
„ den Bücherdebit. Es muß daher jedes Mit=
„ glied der ☐ auch Mitglied der Lesege=
„ sellschaft sein, obgleich nicht umgekehrt.
„ Denn in die Lesegesellschaft wird jeder
„ Liebhaber nützlicher Kenntnisse aufgenom=
„ men. *) Und es soll diese Lesegesellschaft ein
„ specielles Object für den Meister und alle
„ Brüder sein, daß sie da die Menschen be=
„ obachten, ihren Geschmak bemerken, auf
„ die Sitten sehen u. s. w. um die besten
„ Menschen darunter nach und nach zur ☐
„ zu ziehen. “

„ Alle Tafellogen und Logenkränzchen
„ fallen weg. Sie geben nur Gelegenheit zum
„ Luxus und andern Uebeln. Alle Jahr ein=

---

*) Das sind die Maulthiere und die Sta
bene!

„ mal kann der Stiftungstag der Union ge=
„ feyert werden , unter dem Namen des
„ . . . festes, das anderswo beschrieben ist.
„ Hingegen soll der Meister eine Assemblee
„ für die Lesegesellschaft anzulegen suchen,
„ wo dieselbe zuweilen sich auf der Biblio=
„ thek versammlet, und sich über angenehme
„ und nüzliche Dinge bespricht Das ge=
„ schähe am besten bei einem Gastwirth, der
„ ein Zimmer für die Gesellschaft widmete,
„ wo jeder für sein Geld genießen könnte,
„ was er wollte, ohne zu Depensen genö=
„ thigt zu werden. Denn fleißiger Umgang
„ der Brüder ohne Kosten, der ihnen vielen
„ Umgang mit den Profanen entbehrlich macht,
„ ist in allem Betracht heilsam.‟

„ Wenn in der Lesegesellschaft ein Mensch
„ entdekt wird, welcher einer näheren Ver=
„ bindung mit der Union würdig scheint, so
„ nimmt ein Bruder, der am speziellsten ihn
„ kennt, Gelegenheit, ihn allein zu sprechen,
„ und das Gespräch auf die Maurerei zu
„ leiten, ihm von wichtigen Vortheilen vor=
„ zureden, kurz, es dahin zu bringen, daß

R 2

„ er selbst Wunsch äußert, aufgenommen
„ zu werden. Wenn man Sehnsucht merkt,
„ so stellt man sich, als wenn man ihm eine
„ Addresse verrathen wolle, unter welcher er
„ mit einer Bittschrift an den Großmeister
„ gelangen könnte, er müsse aber Zeugniß
„ seines moralischen Werthes beilegen; Ko=
„ sten habe er nicht. Nun giebt er ihm die
„ Addresse an den Diözesan, und dieser schikt
„ ihm den Eid der Verschwiegenheit zur schrift=
„ lichen Ausstellung zu. Hat er den geleistet,
„ so erhält er einen Brief, worin er an den
„ Meister gewiesen wird, als welcher nun
„ Befehl habe, ihn aufzunehmen. Und nun
„ erfährt er erst, daß an seinem Orte eine
„ Loge war.

„ Die Reception geschiehet alsdann bei
„ dem obbeschriebnen Ritual, wo ihm in
„ der Rede die allgemeinen Pflichten eines
„ Maurers aus dem Gesezbuche vorgelesen,
„ die Symbole kommentirt werden, und der
„ spezielle Eid abgenommen wird.

„ Wenn ein Bruder lange im ersteren
„ Grade war, und unruhig wird, daß er

„ den zweyten noch nicht erlangen kann, so
„ muß ihn der Meister mit folgendem hinhal=
„ ten: 1) daß er wahrscheinlich noch Unvoll=
„ kommenheiten an sich habe, welche die ab=
„ wesenden Obern wüßten. Er müsse daher
„ sich selbst untersuchen, und vertraute Brü=
„ der um offenherzige Anzeige derselben bit=
„ ten, und dann versuchen, sie abzulegen;
„ 2) daß er doch immer schon ein glüklicher
„ Mann sey, durch seine Verbindung mit
„ dem bessern Theile der Menschheit, in wel=
„ cher er fürs irrdische Leben geborgen sey,
„ indem ihm als Maurer, nie eine wahre
„ Noth zustoßen könne, in welcher er erlie=
„ gen müsse. In der Bruderschaft sey kein
„ Unglüklicher ohne Hilfe.*) 3) Er werde

*) Die Illuminaten versichern dies mit den
  Worten: „ Unsre Macht soll nur zum
  „ Besten der Brüder verwendet werden;
  „ Allen muß geholfen werden, denen man
  „ kann. Ein Ordens = Mitglied soll man
  „ in jedem gleichen Falle allen Andern vor=
  „ ziehen, für sie besonders sorgen, für
  „ den Geprüftesten Geld, Bedienungen,
  „ Ehre, Gut und Blut verwendet, und

„ mit der Zeit von dieser Geborgenheit mehr
„ überzeugt werden, wenn er die weisen und
„ mächtigen Brüder werde kennen lernen, mit
„ denen er in der weiten Welt verbunden lebe.

„ In der Folge kann auch für solche
„ Brüder der geheime Operationsplan umge=
„ schrieben werden, so daß die Namen
Union, Mesopoliten ꝛc. in Maurerische Na=
„ men der drei Grade verwandelt werden.
„ Und diesen Plan kann dann der Vorsteher,
„ wie im engsten Vertrauen, einem sol=
„ chen Bruder stükweise vorlegen, und seine
„ Phantasie sich ergözen lassen. Denn es ist
„ für unsern Zwek genug, wenn solche Brü=
„ der nur nichts von Union, ihrem lezten
„ Zwek, ihrem Zentrum und dessen Ge=
„ schäftsverwaltung zu hören und zu sehen
„ bekommen, damit die Union eine ecclesia
„ invisibilis bleibe, und eben dadurch un=
„ verrathen und unzerstörlich werde.“

„ Beleidigungen des Klein=
„ sten zur Ordenssache ge=
„ macht werden.“ Neueste Arbei=
ten. u. s. w. S. 172.

„ Sonach erfährt kein Bruder des ersten
„ Grades mehr, als daß eine Loge an sei=
„ nem Orte existirt, und daß der und der —
„ Großmeister ist. Von allen andern Logen,
„ und noch weniger von der Union als dem
„ großen Bande aller Maurerei, hört
„ er keinen Laut. Und das Publikum des
„ Orts hört und erfährt weiter nichts,
„ als daß hier eine Lesegesellschaft ist, bei
„ der man nicht nur lesen, sondern auch alle
„ Bücher für wohlfeilen Preis verschrieben
„ bekommen kann, welche man nur verlan=
„ gen mag: ohne zu wissen, daß die Lese=
„ gesellschaft in irgend einer weitern Verbin=
„ dung steht. "

„ Und nun noch von den drey Graden
„ dieser veredelten Maurerei. "

Erster Grad.

„ Da Wort und Zeichen der Maure=
„ rei bereits verrathen sind, so scheints nö=
„ thig, beides neu zu machen.

„ Das Wort im ersten Grade sey Sko-
„ tus, welches Finsterniß, nach dem Grie-
„ dischen, heissen soll, aber auch auf Schot-
„ tisch — gezogen werden kann.

„ Das Zeichen sey: die Oberlippe vor-
„ wärts auf die Unterlippe hineingeschoben,
„ und gleich wieder zurük. Dieß ist seiner
„ Unmerklichkeit wegen schön.

„ Die Belehrungen des Meisters be-
„ stehen, 1) in moralischen Wahrheiten,
„ welche nach und nach seinen Geist aufhel-
„ len, und zu weiterm Nachdenken Reiz ge-
„ ben, 2) in Erzählung von dem Zwek und
„ Nuzen und Ursprung der alten Mysterien,
„ 3) in aufgeregten Zweifeln gegen Säße
„ des Vorurtheils und des Aberglaubens,
„ die er noch an ihm gewahr wird.

„ Die speciellen Pflichten, die ihm
„ aufgelegt worden sind: a) Aufmerksamkeit
„ auf gute Menschen, ihre Handlungen,
„ Talente u. s. w. so wie auf Fehler und
„ Laster, insonderheit Intoleranz mit Be-
„ merkung ihrer Entstehungsart und Anzei-

„ gen davon an den Meister : b) Anzeigen
„ neuer und wichtiger Ideen, aus Lektüre
„ oder Gespräch an den Meister : c) fleißige
„ Lektüre, besonders der im Intelligenzblatt
„ empfohlenen Schriften : d) Aufsuchung,
„ Beobachtung und Anzeige unglüflicher
„ Menschen.

„ Brüder des ersten Grades wissen
„ übrigens nichts von allen übrigen Lo=
„ gen, noch von Union , welche leztere
„ sie nicht einmal dem Namen nach kennen
„ dürfen.

Zweiter Grad.

„ Ritual bleibt. Wort ist Fosforus.
„ Zeichen bleibt, nur daß eine Bewegung
„ der rechten Hand dazu kommt, als ob
„ man sich die Augenbraunen striche.

„ Erfordernisse zum zweiten Grade sind:
„ 1) vielfach erprobte Verschwiegenheit; 2)
„ sichtbare und dauernde Wärme für Wahr=
„ heit und Wachsthum in Kenntnissen; 3)

„ Aufklärung, die wenigstens in fester Ent=
„ schloffenheit besteht, nichts mit Wärme
„ für wahr und richtig zu halten, was kei=
„ ner deutlichen Begriffe und eigner Ueber=
„ zeugung empfänglich ist; 4) völlig er=
„ probte Unfähigkeit zu einer schlechten, nie=
„ drigen, treulosen That.

„ Belehrungen erhält der Bruder des
„ zweyten Grades nicht mehr vom Meister.
„ Er wird aber von ihm gebeten, zuweilen
„ seine Gedanken über Materien aufzusezen,
„ welche nur der ganz aufgeklärte Mann
„ richtig beschreiben wird; z. B. was hältst
„ du von Wundern ꝛc. Dergleichen Auf=
„ säze gelangen an den Diöcesan, und von
„ da an die Mesopoliten, damit nach Maß=
„ gabe derselben und der eingehenden ander=
„ weitigen Zeugnisse auf der Synode seine
„ Aufnahme in den dritten Grad beschlossen
„ werden kann. Denn diese Aufnahme ist
„ freie Gabe der Obern, und darf nicht,
„ wie die im zweiten Grad, petirt wer=
„ den. Und die Frage wäre, ob man nicht
„ auch das Petiren des zweiten Grades ab=
„ schaffen solle?

„ Die Rechte des zweiten Grades sind:
„ 1) Notiz der Union, 2) der Namenlisten,
„ 3) der Schiffern und Zeichen, die bei
„ geheimer Korrespondenz und Anzeige im
„ Intelligenzblatt gebraucht werden sollen;
„ 4) Theilnehmung an den Deliberationen
„ in den Diöcesansynoden; 5) Fähigkeit
„ zum Deputirten auf besagten Synoden;
„ 6) Fähigkeit zum Meister-oder Redneram-
„ te, 7) ein freies Votum, wo es auf
„ plurima ankommt.

„ Die Brüder des zweiten Grades hal-
„ ten alle 4 Wochen Loge für sich, wo fol-
„ gende Dinge verhandelt werden: 1) Ver-
„ lesung der Diöcesanprotokolle von neuen
„ Mitgliedern, Fortschritten der Union,
„ Beförderungen ꝛc.; 2) Deliberationen über
„ kommunizirte oder selbst zu beschließende
„ Verträge in den Diöcesan-oder Zentralsy-
„ noden, 3) Fertigung der Konduitenliste
„ der Brüder des dritten Grades; 4) Kla-
„ gen ꝛc.

Dritter Grad.

„ Die Brüder des dritten Grades sind
„ die regierende Klasse. Sie brauchen
„ Wort und Zeichen nur für untere Brüder.
„ Unter ihnen selbst hört alles Spielwerk
„ auf. Kein Ritual. Sie wandeln im
„ reinen Licht ohne Täuschung.

„ Sie wissen, daß Vernunft Alles
„ in Allem ist — daß Maurerische For=
„ malität nur für Lehrlinge war — daß der
„ lezte Zwek der Union Entthronung
„ des moralischen Despotismus, Entfesse=
„ lung der Menschheit vom Aberglauben,
„ und Erhebung der Vernunft auf den Rich=
„ terstuhl aller Wahrheit ist — wissen,
„ wo das Zentrum ist — wie da die Ge=
„ schäfte verwaltet werden — nach welchen
„ von ihnen selbst vorgeschriebenen oder ab=
„ zuändernden Instruktionen. — Können
„ ins Zentrum reisen und Einsicht erlangen
„ in Rechnungen, Geldverwendungen, Kaf=
„ sezustand ꝛc. — Haben Fähigkeit zum
„ Diöcesenat, wo sie sofort ein freies Veto
„ bei Deliberationen haben, welches, wenn

„ es von 4 andern Veto's unterstüzt wird,
„ durchgeht.

Nachschriften.

1) „ Vor jezt also, und in der ersten
„ Epoche arbeiten wir alle bloß auf Wer=
„ bung, so

a) „ daß wir nachsehen, wo noch Städ=
„ te sind, in denen kein Bruder ist,
„ daß wir da einen anwerben und zum
„ Fortwerben verpflichten.

b) „ Daß wir alle Stände, insonderheit
„ Schriftsteller, Postmeister und Post=
„ sekretärs, Buchdruckerherrn und be=
„ güterte Personen von Stande an uns
„ ziehen.

2) „ Beim Eintritt begüterter Personen
„ kann man zu verstehen geben, daß man
„ ein freiwilliges Geschenk für die Reception
„ annehme, zur Sammlung eines Fonds.
„ Dies Geschenk und dessen Valuta notirt
„ der Receptus eigenhändig unter seinen

„ Eid, und wird mit dem Eide an den Diö-
„ cesan gesandt, der es, wie den Kosten-
„ beitragthaler kontrollirt, und von da ans
„ Zentrum schikt.

„ 3) „ Jeder Diöcesan hat das Recht,
„ das Zentrum schon jezt zu bereisen, und
„ Einsicht in Rechnungen und alle Geschäfte
„ zu fordern.

„ Künftig, wenn alles Maurerei
„ ist, kann die Union auch für Erreichung
„ der höhern Grade, nach Proportion des
„ Vermögens des Recipiendi Geld nehmen,
„ dessen Quantum von der Zentralsynode,
„ die den Grad ertheilt, vorgeschrieben wird.

5) „ Endlich — bemerken Sie, wür-
„ dige Diöcesane ! — daß, sobald die
„ Werbungsepoche vorüber ist, und die
„ ächten und unächten Brüder geschieden
„ sind, im Publikum auf allerlei Art,
„ ernsthaft und spöttisch , ausgesagt
„ werden muß, die Union sey eines
„ frühen Todes gestorben. *)

*) Das ist denn nun auch von der Union so-
wohl als dem Illuminaten-Orden allent-

6) „ Die Diöcesane sind nun Häupter
„ der Union, und senden jezt ihre Zweifel
„ und Verbesserungsvorschläge über diese
„ beiden Plane ein, damit es einst ihr Plan
„ werde, der durch gemeinschaftliche freie
„ Berathung entsteht und von allen bestä=
„ tigt wird.

———————

So weit die eigentlichen Aktenstükke der
deutschen Union! Wenn daraus das ganze
lesende und sogenannte profane Publikum be=
lehrt werden kann, welch eine zahlreiche Menge unwissender, leichtgläubiger, und schlech=
ter Menschen in diesen Bund der Finsterniß
zusammen getrieben worden ist, so sollten doch
auch die Freimaurer aller Grade endlich zu
begreifen anfangen, daß besonders sie von

halben geschehen; und das profane Pub=
likum glaubt auch treuherzig, daß alle
geheimen Verbindungen völlig erloschen und
verschwunden sind. Diese Vorspieglung
ist die wahre Quintessenz der Illuminaten=
Bosheit; denn nun sieht die Welt wohl
Wirkungen, aber die Quelle und Ursache
derselben soll und kann sie nicht sehen.

mehreren Seiten her auf die schändlichste Wei=
se betrogen, und sie und ihre Sisteme zu
Vollführung der heillosesten Zwekke und Plä=
ne allenthalben gemisbraucht worden sind:
Ueberall fielen sie in die Fallstrikke der Jllu=
minaten; denn überall standen die Obern der
Illuminaten im Hinterhalt. Auf einer Seite
geriethen sie in die neuen Logen der, unter
illuminatischer Direktion stehenden deutschen
Union. Auf der andern Seite warfen sie
sich treuherzig und leichtgläubig in die Armen
der Illuminaten geradezu, und ließen, ohne
von fern den Betrug zu ahnen, ihre alten
Freimaurer=Logen mittelst neuer Gesezbücher
und Regulativs in völlige Illuminaten=Cli=
quen verwandeln. Man nannte dies, die
Freimaurerei aufklären; und es ist wirk=
lich so viel darinn aufgeklärt worden, daß
der alte, ächte Geist wahrer Freimaurerei
aus den allermeisten Logen für immer entwi=
chen ist.

Um sich von dem Allen, noch inniger als
nach dem bisher Gesagten zu überzeugen, lese
man folgendes Aktenstük, welches im Jahr
1783 von der Illuminaten=Direktion entwor=

fen , von Knigge bearbeitet, von Loge zu
Loge in ganz Deutſchland herumgeſchift, von
mehreren Logen ſogleich in Flagranti, von
vielen andern aber nach und nach mit der
ſorgloſeſten Willfährigkeit zur treuherzigen Be=
folgung angenommen worden iſt; und dann
die am Schluß angehängte Tabelle, in wel=
cher ſich jede deutſche Provinz, und jede deut=
ſche Stadt von Bedeutung, zur Genüge be=
lehren kann, in weſſen Händen und unter
welcher Obergewalt ſie ſich ſeit der neuen Il=
luminations=Epoche befinden.

XXIII.

Circularen

an alle Freimaurer = Logen.

„Die traurige Lage, in welcher sich jezt
„der alte ehrwürdige Orden der Freimaurer
„fast in allen europäischen Ländern befindet,
„die Ungewißheit, darinn die größte Anzahl
„der Mitglieder dieser edlen Verbrüderung
„über die wahren Zwekke des Ordens, und
„über die Erklärung seiner Hierogliphen
„schwebt; die ungeheure Menge
„schlechter unthätiger und unnützer
„Mitglieder, womit er in den leztern

„ zwanzig Jahren ist überschwemmt *)
„ worden, und die daraus entstandenen,
„ dem ganzen profanen Publikum höchst är-
„ gerlichen Zerrüttungen sind uns allen
„ bekannt genug, und jedem ächten Maurer
„ sehr anstößig.“

„ Wenn man sieht, wie eine Gesellschaft,
„ deren Zwek ist, einen Circul der besten,
„ ausgesuchtesten, geprüftesten Männer, ge-
„ wisse heilige, der ganzen Menschheit so
„ interessante, aus dem grauen Alterthum,
„ durch alle ältere Weißheitsschulen unent-
„ weihte auf uns vererbte beruhigende Wahr-
„ heiten anzuvertrauen — eine Gesellschaft,
„ die von Gott und der Natur berufen ist,
„ und in allen Zeitaltern berufen war, die

---

*) Man muß hiebei doch billig fragen, wo
diese ungeheure, überschwemmende Menge s ch l e ch t e r Leute seitdem hingekom-
men ist? dann ausgestoßen wurden sie nicht;
vielmehr fieng von da die neue lebhafteste
Werbung an, und die vorhandene Menge
wurde noch viel ungeheurer vermehrt. Die
deutschen Landesverräther könnten dies am
besten beantworten.

„ Rechte der gedrükten Menschheit, der ver-
„ folgten Tugend, und der beflekten Weisheit zu
„ reclamiren; wenn man sieht, wie diese Gesell-
„ schaft jezt zerrissen, theils aus Schwärmern,
„ Betrügern, Schwachen und Thoren besteht;
„ wenn man dabei überlegt, wie tief die Mensch-
„ heit durch Verderbniß der Sitten, Vor-
„ urtheil und übel verstandenes Interesse ge-
„ sunken, wie nöthig also jezt der kranken
„ Welt *) die Hilfe ist, und wie viel eine
„ fest verbundene Legion edler, großer, wei-
„ ser, uneigennütziger, und Menschen lie-
„ bender Männer dazu beitragen könnte,
„ diese allgemeine Corruption zu heben,
„ und wenn auch in diesem Zeitalter der
„ Strom derselben zu reissend sein sollte,
„ wenigstens an einem Damme zu arbeiten:
„ welcher einer folgenden Generation bessere,

*) So krank war sie aber doch damals noch
nicht, als sie die neuen Menschenbeglükker-
und Freimaurer-Reformatoren seitdem zu
machen wußten. Eben die durch Illuminaten reformirte Freimaurerei ist die allgemeine Pestgrube, von ganz Europa geworden.

„ ruhigere Tage verfichern, und dem treuen
„ Arbeiter zwar nicht bei feinen Lebzeiten
„ reiche Früchte, aber doch die große Beru=
„ higung gewähren könnte, jeden Abend mit
„ der füßeften Wolluft die Augen zu fchlieffen,
„ die das Bewußtfeyn verfchaft, in der
„ Stille zu einem groffen Werke gewirkt,
„ feine heilige Beftimmung erfüllt zu haben,
„ und auch diefen Tag dem groffen Zwekke
„ näher gekommen zu fein, wenn man über=
„ legt, wie die fchlechteften Menfchen, wenn
„ fie nur liftig und auf einen Ton geftimmt,
„ nach einerlei Grundfäzen gebildet waren,
„ aus ihren Mitbrüdern alles zu machen ver=
„ ftanden, derfelben fchwache Seiten und
„ herrfchende Leidenfchaften zu ihrem Vortheil
„ zu nüzen, fie mit falfchen Enthufiasmus
„ für nichtswürdige, oft der Rechtfchaffenheit,
„ Vernunft, und ihrem eignen Intereffe ent=
„ gegen gefezte Dinge zu erfüllen wußte:
„ wenn man alfo erwägt, daß aus dem
„ Menfchen alles zu machen ift, wenn man
„ es nur recht angreift, fo muß man billig
„ trauren, daß die Freimaurerei, welche in
„ ihrem Innerften uns Mittel darreicht, die
„ Menfchen beffer, klüger, empfänglicher für

„ höhere Weisheit zu machen, welche, wenn
„ sie ihre durch so enge Bande verbundene
„ Mitglieder genau kannte, prüfte, bildete,
„ unterrichtete, sie zu edlen Enthusiasmus
„ für Weisheit und Tugend, die allein glük=
„ lich, und selig machen, anfeuern könnte,
„ daß diese Freimaurerei keinen einzigen sol=
„ chen Zwek erreichet, und sich nur mit Spiel=
„ werken beschäftiget, beim Volke lächerlich
„ und verächtlich, und der Schauplatz müssi=
„ ger oder betrügerischer Leute geworden ist.
„ Sollen wir bei diesen traurigen Begeben=
„ heiten die Hände sinken lassen, das Ganze
„ aufgeben, oder giebt es Mittel der guten
„ Sache aufzuhelfen? Lasset uns die maureri=
„ sche Geschichte der lezten zwanzig Jahren in
„ der Kürze durchgehen, und wir werden viel=
„ leicht zugleich mit der Quelle des Verder=
„ bens auch das Hilfsmittel finden; dann
„ greife an, wer Muth und guten Willen
„ hat, oder trette zurük, und verwirre nichts,
„ wo er nichts nüzen will.

„ Als die Freimaurerei aus England
„ zum zweitenmal zu Anfang dieses Jahr=

„ hunderts nach Frankreich und zu uns nach
„ Deutschland kam, da kannte man zuerst
„ nur die drei simbolischen Grade *). Man
„ begnügte sich in stiller Verehrung die Cere-
„ monien mitzumachen, die Hyrogliphen un-
„ erklärt zu lassen, die grosse Loge in Lon-
„ den für das Oberhaupt aller Freimaurer
„ zu halten, und übrigens den Orden als
„ ein Bündniß redlicher, zu edlen, wohlthä-
„ tigen Handlungen aufgerufener Männer
„ anzusehen. Unterdessen fieng hier und da
„ sich eine Sage auszubreiten, als wenn
„ noch mehr Grade, vorzüglich ein schotti-
„ scher Andreas = Rittergrad existire; ja end-
„ lich kamen Reisende aus England und
„ Schottland, welche diesen Grad erhalten

---

*) Und eben dies machte die Freimaurerei
zu einem tolerabeln und unschädlichen Institut. Sobald aber die Flikker und Pfu-
scher ihre höhern Grade und höhern Zwekke hinein quaksalbten, gerieth sie schon in
eine bedenkliche Degeneration. Die Illuminaten reformirten sie aber endlich in
einen Jakobiner = Clubb, wenigstens in
Frankreich.

„ zu haben, vorgaben, auch wirklich Bruch-
„ stükke daraus schriftlich mittheilten, wor-
„ aus denn ein solches schottischer Grad zu-
„ sammengestikt, und in manchen Logen aus-
„ gegeben wurde. Dies erregte zuerst Neu-
„ gierde nach genauer Entwiklung der Frei-
„ maurer Hyrogliphen, und diese Neugierde
„ nuzten Betrüger, um den ehrwürdigen
„ Orden zu Erreichung ihrer Privat- Absich-
„ ten zu gebrauchen. Es war schon in
„ England, besonders aber in Schottland
„ die Freimaurerei von den Jesuiten zu Grün-
„ dung einer Parthei gemißbrauchet wor-
„ den *). Die Hauptanführer dieser Rotte
„ lebten, und wirkten am Hofe des Prä-
„ tendenten, den sie glauben machten, diese
„ ganze Maschine sey nur dazu angelegt, ihn

---

*) Je plumper und einfältiger diese Lüge
   war, desto andächtiger wurde sie in so
   vielen Logen geglaubt; besonders beeiferte
   sich so manche Loge katholischer Länder,
   von da an die Jesuiten als Zielscheibe ihrer Verfolgungen aufzustellen. Exempla
   sunt odiosa, sonst könnte man mit einigen andienen.

„ wieder auf Englands Thron zu bringen.
„ Sie verstekten aber ihre Absichten unter
„ verschiedenen Masken, sprengten in Eng=
„ land und Frankreich aus, die Freimaurerei
„ seie nur eine Fortpflanzung des Tempel=
„ herrn=Ordens, wovon die Priester mit
„ grossen Geheimnissen und Schäzen ausge=
„ rüstet, jezt noch verborgen, aber einst her=
„ vortretten würden, wenn einmal der äusse=
„ re Ritter=Orden, dessen Großmeister der
„ Prätendent seie, wieder aller Orten so mäch=
„ tig geworden wäre, daß er die Priester
„ schüzen könnte. Weil die Jesuiten in=
„ dessen mit dieser Erfindung wenig aus=
„ richten zu können glaubten, so erdachten
„ sie für dieses Land eine andere Lüge, und
„ gaben durch Emissarien vor, die eigentliche
„ Obern der Freimaurerei, seien in einer an=
„ deren alten, noch existirenden Verbrüde=
„ rung, nämlich unter den sogenannten Ro=
„ senkreuzern zu suchen. Auf diese Art war
„ der Geist des Wunderbaren, das Verlan=
„ gen nach höheren Graden, und der Glau=
„ ben an unbekannte Obern zuerst unter den
„ Freimaurern ausgestreut, und nun zogen
„ sich die alten Brüder, welche wahre

„ Kenntniſſe hatten, zurük, und ließen eine
„ ſo verſtimmte Geſellſchaft ihr tolles Spiel
„ forttreiben.

„ Da dennoch die Jeſuiten nicht öffent-
„ lich auftraten, indem es ihnen nur darum
„ zu thun war, das Ganze in Verwirrung
„ zu bringen, und im Trüben zu fiſchen:
„ da ſie nur hie und da einzelne Winke ga-
„ ben, und Gerüchte ausſtreuten, um zuſehen,
„ wie ſich das maureriſche Publikum dabei
„ nehmen würde ; ſo drangen nun Thoren
„ und Betrüger auf allen Seiten ein, bau-
„ ten auf dieſen Grund von Erzählungen,
„ Muthmaſſungen, und Mährchen allerlei
„ Gebäude, und kamen endlich mit neuen
„ maureriſchen Graden zum Vorſchein; bald
„ gaben ſie ſich für die geheimen Obern
„ des Ordens aus, welche man ſuchte. Im
„ lezten ſiebenjährigen Kriege reiſete unter
„ andern ein franzöſiſcher Kommiſſär mit ei-
„ nem Wagen voll Decorationen durch Deutſch-
„ land, und theilte darinnen 45 in ſeinem
„ fruchtbaren Vaterlande gezeugte Grade aus.
„ In ſolcher Verwirrung war die Freimau-

„ reret, als auf einmal kurz vor dem Frieden,
„ sich eine andere Scene eröfnete.

„ Die Jesuiten glaubten nämlich jetzt den
„ Zeitpunkt erlebt zu haben, da sie eine Ge=
„ sellschaft geblendeter, durch sie in Verwir=
„ rung gebrachter Leute, ganz in ihre Gewalt
„ bekommen könnten. Sie ließen also, nach=
„ dem zuerst ein falscher Münzer als Vorläu=
„ fer die Sache aufs neue in Bewegung ge=
„ bracht hatte, einen Mann auftreten, von
„ dem es noch ungewiß ist, ob er ein Be=
„ trogner, oder ein Betrüger war, ob er
„ wußte oder nicht, für wen er arbeitete.
„ Dieser Mann war der Herr von Hund,
„ welcher die alte Sage, als wenn die Frei=
„ maurerei nur eine Fortpflanzung des Tem=
„ pelherrn = Ordens sei, wieder aufwärmte.
„ Er gab vor, in Frankreich von einem eng=
„ ländischen Herrn in Gegenwart eines Sekre=
„ tärs des Prätendenten, welcher der heim=
„ liche Großmeister gewesen, zum Ritter des
„ Tempels aufgenommen worden zu sein. Er
„ wäre auch dem Prätendenten in dieser Qua=
„ lität vorgestellt worden; nachher habe er
„ die Sache verabsäumt, sei auch ausser Ver=

„ bindung mit den eigentlichen Obern des Or-
„ dens, nämlich den Clericis gekommen, bis
„ endlich ein gewisser Herr von Marschal,
„ welcher Herrmeister der siebenten Provinz ge-
„ wesen, ihn auf seinem Todtenbette zu sich
„ berufen, und seine Würde auf ihn vererbt
„ habe. Er Hund, also seie nunmehr allein
„ berechtigt, in Deutschland den hohen Or-
„ den fortzupflanzen, und die Freimaurerei
„ zu dirigiren. Zur Bekräftigung dieser An-
„ gaben wußte der Herr von Hund nichts als
„ ein in unverständlichen Zeichen geschriebenes
„ Document vorzuzeigen; die Gehilfen seines
„ Betrugs erfanden eine ununterbrochene Liste
„ von Großmeistern, die nicht einen einzigen
„ historischen Beweis zur Grundlage hatten,
„ und endlich wurden alle Freimaurer = Hie-
„ rogliphen auf dies Sistem gezogen, und
„ wo Teppiche und Ceremonien nicht passen
„ wollten, da stickte man neue ein. Wo
„ aber die Priester des Ordens mit ihren Ge-
„ heimnissen und Schäzen stecken mögten,
„ das blieb ein Geheimniß. Doch man ver-
„ langte auch keine Beweise, glaubte gern al-
„ les, zog Fürstenkinder in das Interesse,
„ und ein grosser Haufe lief! diesen Hirnge-

„ spinstern nach, weil jeder darinnen etwas
„ Schmeichelhaftes für sich fand. Die Für-
„ sten hoften auf Schäze, Macht, Herr-
„ schaft: die Fürstenknechte auf Ordensbän-
„ der und mächtigen Schutz: Bürgerliche Per-
„ sonen, wenn sie eitel waren, freueten sich
„ ihres neuen Ritterstandes; und Schwärmer
„ sahen sich schon in Gedanken in der Gesell-
„ schaft höherer Wesen herumtanzen. Man
„ fieng damit an, alle übrige Freimaurer-
„ Sisteme zu verkezern, sie als falsche Si-
„ steme auszuschreien. Man legte aller Or-
„ ten, ☐ ☐ und Kapitel an, nahm so viel
„ möglich, vornehme Leute auf, wenn sie auch
„ die ärgsten Schurken waren, theils um
„ sicher zu sein, nicht noch einmal verbannt
„ zu werden, theils um neue Güter zu erha-
„ schen. Und dies ist dann das sehr unmau-
„ rerische Sistem der striften Observanz, wo-
„ von unten ein mehreres wird gesagt werden.
„ Unterdessen suchte man noch immer Priester,
„ und dies war eine beständige Lokspeise für
„ eine Menge Leute eine Rolle zu spielen, ei-
„ nige zu guten, andere zu bösen Zweken.
„ Der Herr von Zinnendorf war auch zum
„ Tempelherrn aufgenommen worden, sah .

„ wie wenig diefe Leute nach feften Planen ar=
„ beiteten: glaubte diefe Mafchine beffer nu=
„ zen zu können; riß fich alfo los, gab vor,
„ in Schweden mit wahren weifen Clericis
„ in Verbindung gekommen zu fein, und er=
„ richtete ein neues Siftem, über deffen Werth
„ wir nicht urtheilen, und nur fo viel fagen
„ wollen, daß er, was die untern Grade be=
„ trift, fich unter den Schuß der groffen Loge
„ in Londen begeben hat; daß er feine Leute
„ auf einen Ton zu ftimmen, fie mehrentheils
„ zur Tugend, Feinheit und Wohlthätigkeit
„ zu bilden verfteht, und daß fein Siftem
„ noch immer feinen ftillen Gang fortgeht,
„ und im Ganzen eben öffentlich nichts darauf
„ zu fagen ift, als daß es der ☐ in Londen
„ ein Monopolium, Weisheit zu lehren,
„ zugefteht, und behauptet, daß dies Mo-
„ nopolium in Deutfchland der groffen Loge
„ in Berlin übertragen fei. Das ift das zin=
„ nendorfifche Siftem. Einige Logen blieben
„ bei der alten Obfervanz, nahmen ohne eine
„ groffe Auswahl viel Menfchen für Geld auf,
„ mit denen fie Hand in Hand, ohne an gröf=
„ fere Zwecke *) zu denken, Ceremonien mach=

*) Realifirung der Freiheit und Gleichheit
durch Revolutionen in allen Ländern. De=

„ ten, mit Bildern spielten, ohne sie zu ver=
„ stehen, gut assen, tranken, verdauten, und
„ hier und da Allmosen gaben: das sind die
„ sogenannten englischen Logen. In Frank=
„ reich trieb man seinen Spaß mit einem hal=
„ ben hundert Graden fort, bis endlich auch
„ hier hermetische Schwärmer in einzelne ☐ ☐
„ eindrangen. In Schweden gab der König
„ zu verstehen, er habe sich entschlossen, den
„ Tempelherrn = Orden öffentlich wieder her=
„ zustellen, und dies um so mehr, da es ih=
„ nen gelungen sei, von den ächten Clericis
„ grosse magische Künste zu lernen. Hiedurch
„ hofte er, vermuthlich eine Menge deutscher
„ Tempelherrn zu bewegen, mit ihrem Gelde
„ dem armen Schweden zuzueilen. Aber er
„ hofte vergebens. Man kam durch einen son=
„ derbaren Zufall hinter die Täuschung, und
„ das schwedische Chapitre illuminé verlohr
„ den Ruf seiner Weisheit. Unterdessen wa=
„ ren einige Arten von Rosenkreußern in
„ Deutschland bekannt geworden, welche alle

ran dachte nun freilich weder die strikte Ob=
servanz, noch das Zinnendorfische Sistem.
bis sie durch die Illuminaten waren auf=
geklärt worden,

„ der irrenden Freimaurerei sich zu bemäch-
„ tigen trachteten, unter welchen aber vorzüg-
„ lich die deutschen Rosenkreutzer sich auszeich-
„ neten. Wir wollen in unserm Urtheile über
„ dieselben niemand vorgreifen. Aus dem
„ Compaß der Weisen, den rosenkreutzerischen
„ Reden und anderen Schriften von der Art,
„ kann man diese Gesellschaft näher kennen ler-
„ nen; und wer dadurch bewogen wird, sich
„ in ihren Orden aufnehmen zu lassen, der
„ thue es auf seine Gefahr, und sehe, was
„ er nach etwa 6 Jahren gelernt haben wird.
„ Nur etwas über die Rosenkreutzerei im all-
„ gemeinen! Es ist jezt unter erleuchteten
„ Männern bekannt genug, daß nie eigentlich
„ Rosenkreutzer existirt haben, sondern daß
„ das Ganze in der Fama, und der allgemei-
„ nen Reformation der Welt enthaltenes eine
„ feine Allegorie von Valentin André war,
„ wovon nachher, theils Betrüger (zugleich
„ die Jesuiten) theils Schwärmer Gebrauch
„ machten, um diesen Traum zu realisiren.
„ Das zusammengeflikte Sistem der hermeti-
„ schen Philosophie ist keinem, der sich in der
„ philosophischen Geschichte umgesehen hat,
„ unbekannt.

„ Aus den Schriften der deutschen Ro=
„ senkreutzer aber erhellet leicht, daß diese gu=
„ ten Leute auch nicht einmal den wahren
„ Sinn und Geist dieses Sistems recht gefaßt
„ haben; und es ist jezt kein Geheimniß mehr,
„ daß gedachte Gesellschaft, unter denen es
„ sehr würdige Männer giebt, auf die hinter=
„ listigste Art von einigen unwissenden Betrü=
„ gern in der Irre herumgeführt worden,
„ welche nicht lehren, sondern lernen, ausfor=
„ schen und noch alle Freimaurer-Logen in ihre
„ Gewalt bringen wollen *). Da sich jeder
„ Betrug frühe oder spät selbst bestraft; so
„ könnten wir dabei sehr ruhig sein, wenn
„ nicht unglüflicher Weise der allgemeine Hang
„ der Menschen zum Wunderbaren, vorzüg=
„ lich aber der seit einem paar Jahrhundert
„ in Deutschland so allgemein eingerissenen
„ Trieb zur Alchymie, von welchem die Je=
„ suiten so guten Gebrauch gemacht haben,
„ durch eben diese deutsche Rosenkreutzer in
„ unserm Vaterlande so Wurzel faßte, daß

---

*) Das waren eben die Illuminaten, wie
schon dieses von ihnen erlassene Circular
beweist.

T

„ eine Menge mittelmäſſiger Menſchen dadurch
„ bewogen wurde, ſpeculativiſchen Träume=
„ reien, die wenigſtens ſie nie zur Wirklich=
„ keit bringen können, nachzulaufen, und un=
„ thätig für die Welt zu werden, in welche
„ ſie geſezt ſind, um einſt Rechenſchaft zu
„ geben, wie ſie ihren Plaz erfüllt haben:
„ und daß endlich noch jede Quelle heller,
„ phyſiſcher, chymiſcher, und mathematiſcher
„ Kenntniſſe durch dieſe Unwiſſende trübe ge=
„ macht wird.

„ Doch wir kommen zur ſtrikten Obſer=
„ vanz zurük, weil ſie eine Zeitlang öffentlich
„ die herrſchende war. Die Jeſuiten, und
„ ihre Emiſſäre hofften, (wenn durch die un=
„ geheure Receptions = Gelder, und Johan=
„ nes = Ducaten, von welchen groſſe Fonds
„ geſammelt, und daraus den vornehmſten
„ Revenüen zuwachſen ſollten, jedem Wider=
„ ſprecher das Maul geſtopft werden würde)
„ daß bald dann von Geheimniſſen und Schä=
„ zen der Prieſter nicht mehr die Rede ſein
„ würde. Allein! ſie irrten ſehr. Man ver=
„ langte vor und nach des Herrn von Hunds
„ Tode noch immer darnach mit jenen Clerk

„ eis in Verbindung zu kommen. Es blieb
„ also kein anderes Mittel übrig, als Leute
„ aufzustellen, welche diese Rolle spielen muß=
„ ten: hierzu ließen sich nun, leider! Män=
„ ner brauchen, die so gerne jezt für weise,
„ tief unterrichtete, uneigennüzige Leute gel=
„ ten möchten, und auch aus ihren Schrif=
„ ten für gute Freimaurer erkannt wurden.
„ Man trat also mit einem Priester = Stande
„ hervor, der aber auch nur Worte, keine
„ wahrhafte Kenntnisse auskramte. Es ka=
„ men zwischendurch allerlei andere Propheten
„ aus verschiedenen Conventen z. B. in Wis=
„ baden zum Vorschein, und da man sich nun
„ von allen Seiten getäuscht sah, und der
„ eigentliche Zwek der strikten Observanz be=
„ kannter geworden war, als man gehoft
„ hatte, so öffnete man nun die Augen, und
„ sagte: „ „Wie wäre es, wenn wir Je=
„ „ mand nach Italien schikten, um bei dem
„ „ Hofe des Prätendenten nach dem Grunde
„ „ der Angabe des Hrn. von Hund aller übri=
„ „ gen Schauspieler (die so ziemlich mit ein=
„ „ ander übereinstimmten, weil sie aus einer
„ „ Quelle kamen) sich zu erkundigen.“ „

T 2

„ Freilich wäre es vernünftiger gewesen,
„ dies 12 Jahre früher zu thun , ehe man
„ so viele Menschen am Narrenseile herum-
„ geführt hätte ; aber es war nun einmal
„ beschlossen, daß alles schief angefangen wer-
„ den sollte. Man erfuhr am Hofe des Prä-
„ tendenten, daß die ganze Tempelherrn = Ge-
„ schichte eine Lüge sei. Dies konnte nicht
„ länger verschwiegen bleiben, und kurz nach-
„ her wurde es öffentlich gedrukt. Aber die
„ Jesuiten verlohren dennoch nicht den Muth.
„ Sie hatten neue Plane, die aber, weil die
„ maurerische Welt nicht mehr so leichtgläu-
„ big war, auf einmal scheiterten. In die-
„ ser Angst , um dem allgemeinen Schimpfe
„ und den Vorwürfen der jüngern Brüder
„ auszuweichen, beriefen nun die Anführer
„ der strikten Observanz den leztern Konvent
„ in Wilhelmsbad. Was von demselben zu
„ erwarten war, das sahen vernünftige Frei-
„ maurer leicht voraus. Gewiß hatten die
„ beiden Fürsten, welche diesen Convent be-
„ riefen, redliche Absichten für den Orden.
„ Allein, da nun die Spielerei mit dem Tem-
„ pelherren = Orden gänzlich aufhören mußte,
„ worauf doch eigentlich ihr Beruf, sich als

„ Obern zu betrachten, gegründet war, so
„ waren wenige geneigt, sich Geseze von ih=
„ nen vorschreiben zu lassen. Entwiklung,
„ klare beruhigende Auflösung der maureri=
„ schen Hierogliphen konnten sie nicht geben,
„ weil sie wohl selbst dergleichen nicht besaf=
„ sen. Ueber die **ungeheuren** seit mehr
„ als 12 bis 14 Jahren eingegangenen **Geld=**
„ **summen** konnte man keine Rechenschaft
„ geben, denn diese Gelder waren zwar nicht
„ betrügerisch, aber doch höchst nachlässig ver=
„ waltet worden. Mit gemeinem Hierogly=
„ phen = Spiel will sich die Freimaurerei nicht
„ mehr abspeisen lassen, und grössere, feinere,
„ edlere, wichtigere Plane für die Mensch=
„ heit konnte unmöglich von einer Gesellschaft
„ von Maurern erwartet werden, deren die
„ meisten ohne die Prüfung nachlässig nach
„ politischen Absichten gewählt und an die
„ Spitze gesezt waren.

„ Man hofte also auf diesem Convente
„ fremde Freimaurer zu sehen, welche einen
„ Schatz von Kenntnissen zu Markte bringen
„ würden. Allein, wer dergleichen gehabt
„ hätte, der würde ihn wohl nicht in solche

„ Hände geliefert, und freiwillig sich unter
„ das Joch begeben haben. Es kamen frei-
„ lich allerhand mystische Dinge zum Vor-
„ schein; doch da es zum Theil unerwiesene
„ Mährchen oder dunkle Vorspieglungen wa-
„ ren, so verwarf sie der größte Theil der
„ Deputirten, und es blieb nichts anders
„ übrig, als ein neues selbst verfertigtes
„ Freimaurer = System auszuhecken.

„ Von diesem neuen Systeme können
„ wir nur so viel sagen, daß auſſer 3 sym-
„ bolischen Graden (welche theils aus allen
„ Ritualen zusammengeschrieben, theils mit
„ Anspielungen auf solche Gegenstände, wel-
„ che einige französische Freimaurer für das
„ Wesen der Freimaurerei halten, ausge-
„ schmükt sind) man noch einen vierten selbst
„ gemachten sogenannten schottischen Grad
„ entworfen, aber noch nicht ausgearbeitet
„ hat, die auf diese zwei französische Ritter-
„ grade folgen sollen; welche aber die □ □
„ anzunehmen nicht gezwungen sind; so wie
„ sie überhaupt bis Ende des Jahres 1783
„ die Freiheit behalten, sich zu erklären, ob
„ sie sich zu dem neuen Systeme bekennen

„ wollen oder nicht; daß die Oberherrschaft
„ der nicht frei gewählten , sondern unter
„ sich zu Obern aufgeworfenen Chefs vor
„ wie nach lebenslang fortdauert; daß jähr=
„ lich gewisse Summen an die Haupt=Di=
„ rection müssen eingeschift werden , und
„ daß übrigens gar keine sichere Anstalt ist
„ getroffen worden, für die Welt etwas noch
„ nicht versuchtes , erhebliches zu wirken ,
„ die schlechten Menschen von der Freimau=
„ rerei zu entfernen, die guten genau kennen
„ zu lernen, aus dem Staube hervor zu zie=
„ hen, und sie gegen die Bösen zu schützen.

„ Bei dieser Lage der Sache nun ist eine
„ Gesellschaft unterrichteter Freimaurer, da=
„ von viele schon seit 1762 und als zuerst
„ die den freien Geist des Ordens so un=
„ terdrükkende sogenannte strikte Observanz
„ ihren Anfang nahm, fest verbunden waren,
„ zusammen getreten, und hat in vielen deut=
„ schen und andern ☐ ☐ einige sichere ver=
„ ehrungswürdige Männer von ihrem Plane,
„ an welchem gute Köpfe und erfahrne Mit=
„ glieder viele Jahre hindurch gearbeitet ha=
„ ben, unterrichtet. Endes unterschriebene

„ sind es, die in den verschiedenen Logen für
„ die Güte der Sachen haften, und ihre
„ respective □ □ zu Annehmung dieses Si-
„ stems unter dem Namen: der zu Auf-
„ rechthaltung der königlichen Kunst ver-
„ bundene Loge der gereinigten alten Frei-
„ maurerei einladen und ermuntern: und
„ hier folgen die Bedingungen, welche wir
„ anbieten.

1. „ Nach beiliegendem Rituale, und
„ vorsichtig und zwekmässig eingerichtetem
„ Constitutions = Tucke wird in den drey sim-
„ bolischen Graden unabänderlich gearbeitet,
„ und jede □ wählt jährlich ihren Meister.

2. „ Eine Anzahl □ □ vereinigen sich,
„ und wählen einen Ort zu einem schottischen
„ Directorium, in welchem aus jeder Loge
„ ein Deputirter sizt.

3. „ Dieses schottische Directorium be-
„ sorgt die Abnahme der Rechnungen, ent-
„ scheidet die streitigen Fälle, besorgt grös-
„ sere ökonomische und andere Unternehmun-
„ gen, konstituirt □ □ u. s. f.

4. „Wir erkennen jede ☐ für ächt,
„welche sich diesen Verfügungen unterwirft *).

5. „Ueber diese schottische Direction hin=
„aus haben wir keine befehlende Obere,
„so wie keine, welche irgend etwas mit
„Geldeinnahmen zu thun hätten, wohl aber
„solche, an welche vierteljährig über den
„ökonomischen, politischen und moralischen
„Zustand der ☐ ☐ berichtet wird, und
„diese nennen wir

6. „Provincial = Directoria, welche von
„einer gewissen Anzahl schottischen Direc=
„tionen gewählt werden.

7. „Drei Provinzial = Regierungen wäh=
„len sich einen Inspektor, und drei Inspek=
„toren.

8. „Eine National = Direction, wie bei=

*) Das heißt: welche sich den Illuminaten
blindlings unterwirft.

„ liegendes Schema über Deutschland dies
„ näher entwikkelt *).

9. „ Wer die drei symbolischen Grade
„ empfangen hat, dem steht es frei, höhere
„ Grade anzunehmen, wo er will, nur

a) „ rathen wir ihm, sich vorher bei sei=
„ nen schottischen Directoren zu melden,
„ weil man ihm dann um billigern
„ Preiß dasselbe, und nachdem der
„ Mann ist, vielleicht unentgeldlich
„ mehr geben kann, als er dort für
„ theures Geld bekömmt.

b) „ Muß er sich enthalten, diese Grade
„ bei uns gelten machen zu wollen.

10. „ Was wir für die Welt thun wol=
„ len, was wir schon in der Stille gethan
„ haben, darüber kommt es uns nicht zu,
„ zu pralen. Nur so viel: wir haben hie
„ und da Pflanzschulen zur Bildung junger

*) Dieses Schema enthält die am Schluß
folgende Tabelle.

„ Leute , die wir demnächst dem ☉ zuzu=
„ führen, angelegt, für die folgende Gene=
„ ration zu arbeiten, derselben beſſere, ru=
„ hevolle Tage zu verſchaffen. (! ! !) *)
„ Das ſcheint uns eine unſeren Bemühungen
„ höchſtwürdige Arbeit; doch darüber können
„ die ☐ ☐ von denjenigen am beßten Nach=
„ richt einziehen, welche ihnen dieſen Plan
„ vorlegen **).

I I. „ Es wird nemlich dies Circulare
„ gedruft, und von dem kleinen Circel un=
„ ſerer vertrauten Brüder ihren ☐ ☐ vor=
„ gelegt werden. Sobald eine Loge ſich
„ durch Unterſchrift des größten Theils der
„ Mitglieder zu Annehmung dieſes Syſtems
„ verſtanden hat, ſo werden denſelben die
„ übrigen Logen, die dieſer Vereinigung bei=
„ getreten ſind, und deren Anzahl ſchon
„ ziemlich groß iſt, bekannt gemacht
„ werden.

*) Mittelſt der Freiheit, der Gleichheit und
der Menſchenrechte.

**) Denn dieſe waren Illuminati Majores.

12. „Weil aber diese ganze Sache mit
„ Verschwiegenheit und Vorsicht muß be=
„ handelt werden, so behält jeder Meister
„ vom Stuhl das in seiner Loge unterschrie=
„ bene Exemplar so lange in seinen Händen,
„ bis er vorhero erfahren haben wird, daß
„ eine hinlängliche Anzahl ☐ ☐ sich dazu
„ verbunden habe. Nur giebt er unter ei=
„ ner ihm angezeigten Addresse Nachricht da=
„ von, in wie fern es ihm gelungen ist,
„ seine Loge zu diesem Bündnisse zu bewegen.

13. „An der Menge der Logen ist uns
„ wenig gelegen, wohl aber an festen, ge=
„ raden, wohlwollenden Männern. Wer
„ dies System ergreift, der muß sich daher
„ von den übrigen lossagen, oder, wenn
„ er irgendwo eine bessere Freimaurerei ge=
„ funden, uns bald möglichst verlassen.

———————

Nun möge der geneigte Leser die gleich
folgende Tabelle mit Aufmerksamkeit und Kom=
bination überdenken, wo er denn finden wird,

wie weit es mit der neuen, aufgeklärten
Freimaurerei in Deutschland gekommen ist.
Die Resultate meines Nachdenkens hierüber
theile ich bei einer andern Gelegenheit mit.
Für jezt — manum de Tabula!